科学发展观

青少年学习读本

教育部邓小平理论和“三个代表”重要思想研究中心　编

教育科学出版社
·北京·

出版人　所广一
责任编辑　祖　晶　李正堂　栗铂峰
版式设计　贾艳凤　李宗沅
责任校对　贾静芳
责任印制　曲凤玲

图书在版编目(CIP)数据

科学发展观青少年学习读本/教育部邓小平理论和“三个代表”重要思想研究中心编. —北京：教育科学出版社，2009.6(2010.1重印)

ISBN 978-7-5041-4432-4

Ⅰ.科… Ⅱ.教… Ⅲ.社会主义建设模式-中国-青少年读物 Ⅳ.D616-49

中国版本图书馆CIP数据核字(2009)第035422号

出版发行	教育科学出版社		
社　址	北京·朝阳区安慧北里安园甲9号	市场部电话	010-64989009
邮　编	100101	编辑部电话	010-64989438
传　真	010-64891796	网　址	http://www.esph.com.cn

经　销	各地新华书店		
制　作	北京金奥都图文制作中心		
印　刷	保定市中画美凯印刷有限公司		
开　本	148毫米×210毫米　32开	版　次	2009年6月第1版
印　张	3.5	印　次	2010年1月第8次印刷
字　数	63千	定　价	7.00元

如有印装质量问题，请到所购图书销售部门联系调换。

前言

伟大的事业产生伟大的理论，伟大的理论指引伟大的事业。党的十六大以来，以胡锦涛同志为总书记的党中央，坚持以邓小平理论和“三个代表”重要思想为指导，准确把握世界发展趋势，认真总结我国发展经验，深入分析我国发展阶段性特征，提出了科学发展观等一系列重大战略思想，为党和人民事业的发展提供了科学的理论指导和有力的思想保证。

党的十七大全面深刻地阐明了科学发展观的历史地位、时代背景、科学内涵、精神实质、根本要求，强调在新的发展阶段继续全面建设小康社会、发展中国特色社会主义，必须深入贯彻落实科学发展观。党的十七大还作出了在全党开展深入学习实践科学发展观活动的战略决策。开展这一活动对于推动用科学理论武装全党、教育人民，更好地解决当前经济社会发展中的突出问题，不断开创中国特色社会主义事业新局面具有重要意义。

青少年是祖国的未来、民族的希望。学习和了解党的理论创新成果，对于广大青少年树立坚定的政治信仰、掌握正确的思想方法和行为准则，把理想信念和世界观建立在科学理论的基础之上具有十分重要的意义。为帮助广大青少年学习领会科学发展观，我们根据党的十七大精神编写了《科学发展观青少年学习读本》。本书对学习贯彻科学发展观的重大问题进行了深入浅出的阐述，有助于广大青少年加深对科学发展观的学习理解。

编　者

目 录

第一章

科学发展观是中国特色社会主义理论体系的最新成果

第二章

科学发展观第一要义是发展

二十一世纪的朝阳跃出海面，
繁荣的中国焕发出绚丽的光焰。
改革开放为古老的华夏注入了活力，
科学的理论为她指明了前进的航线。

科学发展观，
当今时代的最强音，
传遍神州的每一个角落，
谱写出中国发展的壮丽诗篇。

科学发展观，
是与时俱进的马克思主义，
是中国特色社会主义理论体系最新成果的体现。
它反映了我国的基本国情，
顺应了世界形势的流变。

为了中华民族的伟大复兴，
为了光明灿烂的明天，
青少年朋友们，
树雄心壮志，
学科学发展。
时刻准备着，
为祖国交上一份优秀的答卷！

第一章 科学发展观是中国特色社会主义理论体系的最新成果

2007年10月15日，中国共产党第十七次全国代表大会在北京召开。胡锦涛在报告中指出："科学发展观，是对党的三代中央领导集体关于发展的重要思想的继承和发展，是马克思主义关于发展的世界观和方法论的集中体现，是同马克思列宁主义、毛泽东思想、邓小平理论和'三个代表'重要思想既一脉相承又与时俱进的科学理论，是我国经济社会发展的重要指导方针，是发展中国特色社会主义必须坚持和贯彻的重大战略思想。"这一重要论述，对科学发展观的历史地位和指导意义作出了明确而科学的评价，深刻揭示了科学发展观在中国特色社会主义事业发展中的重要作用。

一、一脉相承又与时俱进的科学理论

马克思说过，每个时代总有属于自己的问题，准确地把握并解决这些问题，就会把思想理论和人类社会大大地向前推进一步。正因为如此，马克思主义作为一个开放发展的思想体系，总是随着时代的进程和实践的发展而不断丰富发展。

中国共产党在领导中国革命、建设、改革的长期实践中，把马克思主义基本原理同中国具体实际和时代特征相结合，不断推进马克思主义中国化，实现了两次历史性飞跃。第一次飞跃发生在新民主主义革命时期，中国共产党人经过反复探索，在总结成功经验和失败教训的基础上，找到了农村包围城市、最后夺取全国胜利的有中国特色的革命道路，并在革命胜利后积极探索适合中国国情的社会主义建设道路，形成了被实践证明了的关于中国革命和建设的正确的理论原则和经验总结，这就是毛泽东思想。第二次飞跃发生在党的十一届三中全会以后，中国共产党人在总结中国社会主义建设经验和研究国际形势的基础上，开辟了中国特色社会主义道路，形成了

关键词

中国特色社会主义道路 就是在中国共产党领导下，立足基本国情，以经济建设为中心，坚持四项基本原则，坚持改革开放，解放和发展社会生产力，巩固和完善社会主义制度，建设社会主义市场经济、社会主义民主政治、社会主义先进文化、社会主义和谐社会，建设富强民主文明和谐的社会主义现代化国家。

相关链接

中国特色社会主义理论体系

中国特色社会主义理论体系就是包括邓小平理论、“三个代表”重要思想以及科学发展观等重大战略思想在内的科学理论体系。这一理论体系，坚持和发展了马克思列宁主义、毛泽东思想，凝结了几代中国共产党人带领人民不懈探索实践的智慧和心血，是马克思主义中国化最新成果，是党最可宝贵的政治和精神财富，是全国各族人民团结奋斗的共同思想基础。

被实践证明了的关于在中国建设、巩固和发展社会主义的正确的理论原则和经验总结，这就是中国特色社会主义理论体系。

科学发展观是中国特色社会主义理论体系的重要组成部分。它坚持马克思主义基本原理，紧密结合我国改革开放和社会主义现代化建设的实际，紧密结合新的时代条件，既毫不动摇地坚持了马克思列宁主义、毛泽东思想、邓小平理论和**“三个代表”重要思想**，又赋予马克思主义新的鲜活力量，是同马克思列宁主义、毛泽东思想、邓小平理论和“三个代表”重要思想既一脉相承又与时俱进的科学理论，是与时俱进的马克思主义。

马克思主义认为，生产力发展是人类社会发展的最终决定力量，生产力和生产关系、经济基础和上层建筑的矛盾运动是社会发展的根本动力。促进经济和社会

关键词

“三个代表”重要思想 中国共产党必须始终代表中国先进生产力的发展要求，代表中国先进文化的前进方向，代表中国最广大人民的根本利益。

的良好发展，必须正确处理人与自然、人与社会、人与人的关系。人类社会发展要逐步消灭阶级之间、城乡之间、体力和脑力劳动之间的对立和差别，使物质财富极大丰富、人民精神境界极大提高，实现每个人自由而全面的发展。

科学发展观坚持马克思主义基本原理，继承和发展了党的三代中央领导集体关于发展的重要思想，进一步丰富和发展了马克思主义发展观。

新中国成立后，以毛泽东为核心的党的第一代中央领导集体，积极探索符合中国国情的社会主义建设道路，提出了社会主义经济发展要坚持统筹兼顾、正确处理各种重大关系和人民内部矛盾等观点，初步形成了社会主义发展的思想。党的十一届三中全会后，以邓小平为核心的党的第二代中央领导集体，从社会主义初级阶段基本国情出发，作出把党和国家工作中心转移到经济建设上来、实行改革开放的历史性决策，揭示了社会主义本质，确立了党的基本路线，强调发展是硬道理，提出了现代化建设**“三步走”发展战略**，使我们党的关于发展的思想发生了一次重大飞跃。党的十三届四中全会

关键词

“三步走”发展战略　第一步，在20世纪80年代末实现国民生产总值比1980年翻一番，解决人民的温饱问题；第二步，到20世纪末，使国民生产总值再增长一倍，人民生活达到小康水平；第三步，到21世纪中叶，人均国民生产总值达到中等发达国家水平，人民生活比较富裕，基本实现现代化。

后，以江泽民为核心的党的第三代中央领导集体，强调发展是党执政兴国的第一要务，正确处理改革发展稳定的关系，坚持物质文明、政治文明、精神文明协调发展，促进人的全面发展，建立社会主义市场经济体制，实施依法治国、科教兴国等重大战略，确立了全面建设小康社会的奋斗目标，使中国共产党关于发展的思想得到进一步丰富发展。

党的十六大以来，以胡锦涛为总书记的党中央，从全面建设小康社会的伟大实践出发，创造性地提出了科学发展观的重大战略思想。胡锦涛在党的十七大报告中指出："科学发展观，第一要义是发展，核心是以人为本，基本要求是全面协调可持续，根本方法是统筹兼顾。"这四句话是对科学发展观科学内涵、精神实质、根本要求的集中概括。这四句话明确告诉我们，发展就是坚持以人为本，实现全面协调可持续发展，推动科学发展、和谐发展、和平发展，努力实现经济社会又好又快的发展。这四个方面是相互联系、辩证统一的，必须作为一个整体来把握。

科学发展观站在历史和时代的高度，深刻回答了中国社会主义经济建设、政治建设、文化建设、社会建设和党的建设的一系列重大问题，是中国特色社会主义理论体系的重要创新成果。科学发展观的形成，凝聚了几代中国共产党人的心血和艰辛探索，凝聚了新中国近60年来社会主义建设的历史经验，是与时俱进的马克思主义发展观，为我们实现经济社会又好又快发展指明了方向。

二、科学发展观形成的现实依据和实践依据

科学发展观一经提出，很快得到全党全社会的广泛认同，日益显示出巨大的指导作用，有力地推动了经济社会的又好又快发展。近年来，从沿海到内地，从塞外到江南，从城市到乡村，举国上下处处涌动着科学发展的春潮，展现出全面建设小康社会的美好前景。科学发展观之所以如此“神奇”，根本原因就在于它符合社会主义初级阶段基本国情，借鉴国外发展经验，适应深刻发展变化着的国际国内新形势，是我们应对新挑战、完成新任务的强大思想武器。

科学发展观充分反映了我国的基本国情。我国的基本国情是什么呢？就是我国正处于并将长期处于社会主义初级阶段。社会主义初级阶段，是指我国在生产力落后、商品经济不发达条件下建设社会主义必然要经历的特定阶段，即从我国进入社会主义到基本实现社会主义现代化的整个历史阶段。它包括两层含义：第一，我国已经进入社会主义社会；第二，我国的社会主义社会

关键词

社会主义初级阶段 社会主义初级阶段不是泛指任何国家进入社会主义都会经历的起始阶段，而是特指我国生产力落后、商品经济不发达条件下建设社会主义必然要经历的特定阶段。

还处在不发达的阶段。我们必须坚持而不能离开社会主义，同时我们必须清醒认识“不发达”这个基本现实，始终坚持从这个实际出发而不能忽视或超越这个实际。要认清全面建设小康社会、基本实现现代化的长期性和艰巨性，提高想问题、作决策、办事情决不可脱离实际的自觉性。

科学发展观充分反映了我国经济社会发展的阶段性特征。我国经济社会发展的阶段性特征是科学发展观形

相关链接

当前我国仍处于社会主义初级阶段

我国处于社会主义初级阶段是中国共产党对我国国情的基本判断，是科学发展观形成的根本依据和立论基础。邓小平在谈到我国社会主义建设的经验教训时，曾指出：“不要离开现实和超越阶段采取一些‘左’的办法，这样是搞不成社会主义的。”党的十三大第一次系统阐明了社会主义初级阶段的理论和政策，党的十四大、十五大、十六大都强调和阐述了社会主义初级阶段问题。十七大报告又对我们面临的基本国情作了进一步阐述，强调在新世纪新阶段，我国的国情概括起来就是“一个巨变”、“四个深刻变”、“两个没有变”。

“一个巨变”就是：我国取得了举世瞩目的发展成就，从生产力到生产关系、从经济基础到上层建筑都发生了意义深远的巨大变化；

“四个深刻变化”就是：经济体制深刻变革、社会结构深刻变动、利益格局深刻调整、思想观念深刻变化；

“两个没有变”就是：我国仍处于并将长期处于社会主义初级阶段的基本国情没有变，人民日益增长的物质文化需要同落后的社会生产之间的矛盾这一社会主要矛盾没有变，人口多、底子薄、城乡区域发展不平衡、生产力不发达的状况仍然是我国的最大实际。

正是由于我们党对社会主义初级阶段基本国情作出了正确判断，科学发展观才有了科学依据和坚实基础。

成的现实依据。在新的历史阶段，我国进入了发展的关键期、改革的攻坚期、矛盾的凸显期，经济社会发展呈现出一系列新的阶段性特征。如果不深刻把握这些阶段性特征、抓紧采取措施解决前进中的突出矛盾和问题，必将对我国经济社会发展特别是长远发展产生重大不利影响。科学发展观是在准确把握我国发展的阶段性特征、适应我国发展新要求基础上提出来的。

相关链接

我国发展呈现出的一系列新的阶段性特征

党的十七大精辟概括了我国发展呈现出的一系列新的阶段性特征：经济实力显著增强，同时生产力水平总体上还不高，自主创新能力还不强，长期形成的结构性矛盾和粗放型增长方式尚未根本改变；社会主义市场经济体制初步建立，同时影响发展的体制机制障碍依然存在，改革攻坚面临深层次矛盾和问题；人民生活总体上达到小康水平，同时收入分配差距拉大趋势还未根本扭转，城乡贫困人口和低收入人口还有相当数量，统筹兼顾各方面利益难度加大；协调发展取得显著成绩，同时农业基础薄弱、农村发展滞后的局面尚未改变，缩小城乡、区域发展差距和促进经济社会协调发展任务艰巨；社会主义民主政治不断发展、依法治国基本方略扎实贯彻，同时民主法制建设与扩大人民民主和经济社会发展的要求还不完全适应，政治体制改革需要继续深化；社会主义文化更加繁荣，同时人民精神文化需求日趋旺盛，人们思想活动的独立性、选择性、多变性、差异性明显增强，对发展社会主义先进文化提出了更高要求；社会活力显著增强，同时社会结构、社会组织形式、社会利益格局发生深刻变化，社会建设和管理面临诸多新课题；对外开放日益扩大，同时面临的国际竞争日趋激烈，发达国家在经济科技上占优势的压力长期存在，可以预见和难以预见的风险增多，统筹国内发展和对外开放的要求更高。

必须看到，我们现在达到的小康还是低水平的、不全面的、发展很不平衡的小康。一系列长期积累的矛盾不可回避，一系列发展的问题还制约和困扰着我们。我国以占世界 9% 的耕地、6% 的水资源、4% 的森林，养活着占世界 22% 的人口。我国大多数矿产资源人均占有量不到世界平均水平的一半，资源环境压力巨大。我国是世界第一人口大国，人口总量高峰、就业人口高峰、老龄人口高峰、农村劳动力转移高峰接踵而来，就业问题十分突出。长期形成的城乡二元经济结构矛盾加剧，地区差距拉大，经济社会发展不协调，社会事业发展明显滞后。经济全球化给我们带来了机遇，但也增加了经济发展的不稳定性和潜在风险。同时，在前进中积累的一系列经济、社会发展中的突出矛盾和问题，如城乡差距、地区差距、居民收入差距持续扩大，就业和社会保障压力增加，教育、卫生、文化等社会事业发展滞后，人口增长、经济发展同生态环境、自然资源的矛盾加剧，经济增长方式落后，经济整体素质不高和竞争力不强等，亟须我们以新的发展思路、新的发展办法加以解决。

科学发展观总结了长期以来我国发展的实践经验。在几十年社会主义建设的进程中，我们党既艰苦奋斗创造了建设社会主义的辉煌成就，也艰辛探索积累了发展

关键词

城乡二元经济结构　城乡二元经济结构是指发展中国家传统部门（如农业）比重过大、现代经济部门发展不足以及城乡差距十分明显的一种状态。

社会主义的丰富经验。新中国的建立，实现了民族独立和人民解放，同时也把发展问题摆在了首位，使其成为中国社会的主题。新中国成立之初，我们党就以恢复和发展生产为中心，动员一切社会力量，开展了包括经济、政治、文化和社会等多方面的建设。我们党领导人民建立起社会主义基本制度，提出要以实现工业化为核心，逐步建立独立的、比较完整的工业体系和国民经济体系，推进经济和社会各项事业的发展。

党的十一届三中全会以后，我们党深刻总结社会主义建设正反两方面的经验，在正确判断国情的基础上，形成了以经济建设为中心、坚持四项基本原则、坚持改革开放的“一个中心、两个基本点”的基本路线，开辟了中国特色社会主义道路。之后，我们党制定了一系列推进改革发展的方针政策，不断丰富和发展党的基本理论、基本路线、基本纲领、基本经验。我们党围绕经济建设这个中心，抓住机遇、加快发展，实现了改革开放新突破，促进经济快速发展和社会全面进步。社会主义市场经济体制的确立，解决了关系社会主义现代化建设全局的一个重大问题，促进了改革的深入，进一步解放和发展了生产力，为经济发展和社会全面进步注入了强

关键词

四项基本原则 必须坚持社会主义道路；必须坚持无产阶级专政；必须坚持共产党的领导；必须坚持马列主义、毛泽东思想。

一个中心、两个基本点 以经济建设为中心。坚持四项基本原则；坚持改革开放。

大的动力。

党的十六大以后，我国改革开放和现代化建设的步伐进一步加快。以胡锦涛同志为总书记的党中央在全面建设小康社会、加快推进社会主义现代化建设的过程中，面对突如其来的非典疫情和严重的自然灾害，面对复杂的国际形势和繁重的改革发展稳定任务，坚持以邓小平理论和“三个代表”重要思想为指导，聚精会神搞建设、一心一意谋发展，取得了改革开放和社会主义现代化建设的重大胜利，巩固了奋发向上、安定团结的政治局面。

新的实践需要理论的不断丰富和发展，也为理论的丰富和发展提供着新的经验。科学发展正是在新的历史条件下，适应新的实践需要提出来的。十六大以来中国特色社会主义发展的实践，特别是我们应对一系列重大自然灾害的考验、应对国际金融危机严重冲击的考验充分证明，科学发展观深刻体现了中国特色社会主义建设的规律，体现了国际国内形势发展对党和国家工作的新要求，对于全面建设小康社会、发展中国特色社会主义具有重大指导意义。

相关链接

改革开放“十个结合”的宝贵经验

（一）把坚持马克思主义基本原理同推进马克思主义中国化结合起来；

（二）把坚持四项基本原则同坚持改革开放结合起来；

（三）把尊重人民首创精神同加强和改善党的领导结合起来；

（四）把坚持社会主义基本制度同发展市场经济结合起来；

（五）把推动经济基础变革同推动上层建筑改革结合起来；

（六）把发展社会生产力同提高全民族文明素质结合起来；

（七）把提高效率同促进社会公平结合起来；

（八）把坚持独立自主同参与经济全球化结合起来；

（九）把促进改革发展同保持社会稳定结合起来；

（十）把推进中国特色社会主义伟大事业同推进党的建设新的伟大工程结合起来。

三、科学发展观形成的时代背景

以宽广的眼界观察世界，准确地把握世界发展趋势，科学地判断国际形势的发展变化，正确地认识我们党和国家与外部世界的相互关系，是科学发展观提出的一个重要前提。科学发展观是在科学判断国际形势和世界发展趋势的基础上提出来的。

当今世界正处在大变革大调整之中。和平与发展仍然是时代主题，同时世界仍然很不安宁。机遇前所未有，挑战也前所未有，机遇大于挑战。世界多极化不可逆转，但霸权主义和强权政治依然存在，各种政治力量深刻调整组合，国际战略竞争更趋激烈。越来越多的国家把发展与合作置于重要战略地位，维护和平、促进发展、谋求合作，成为世界潮流。

随着经济全球化深入发展，科技进步日新月异，国际产业转移加快，新兴发展中大国迅速崛起。各国利益相互交织，相互依赖，相互影响。特别是各大国从维护本国根本利益出发，既相互借重又相互牵制，既相互合作又相互竞争，务实合作和战略竞争同步推进。世界经济继续保持增长态势，以专业化分工为基础的全球生产体系不断发展，资金、技术、人才等生产要素流动进一步加快。与此同时，科技创新和技术扩散也在日益加快。科技创新已经成为推动经济增长的重要动力，以信息技术、生物技术为代表的高新技术在全球范围内大规模应用扩散，对传统产业改造升级正产生巨大的推动作用。

关键词

霸权主义 一国凭借政治、军事和经济的优势，在全世界或个别地区破坏、控制他国主权，谋求统治地位的政策。

强权政治 是指某些强国凭借军事、经济实力的优势向外扩张，推行炮舰政策及霸权政策。它们力图建立由大国操纵的国际体系，以谋求霸权。它们崇尚“强权即公理”、“弱国无外交”的论调，将大多数中小国家排斥在国际政治之外。所有这些都是强权政治在国际关系中具体的表现。

经济全球化 是指世界经济活动超越国界，通过对外贸易、资本流动、技术转移、提供服务而形成的全球范围内相互联系、相互依存的有机经济整体。

但是，世界的发展很不平衡，南北差距拉大，大多数发展中国家还比较贫穷。同时，恐怖主义、民族分裂主义活动猖獗，贸易保护主义抬头，经济结构性矛盾加剧，能源资源压力增大，生态环境和气候变化问题比较突出，各种不确定因素和潜在风险也在增加。共同推进国际关系民主化，推动经济全球化朝着均衡、普惠、共赢方向发展，促进人类文明繁荣进步，维护世界和平稳定，呵护人类赖以生存的地球家园，是世界各国人民的共同心愿。深刻把握国际形势和世界发展趋势的新变化，顺应时代发展的新要求，坚持走科学发展、和谐发展、和平发展道路，是我们的必然选择。

中国发展是世界发展的重要组成部分，中国的发展离不开世界，世界的发展也需要中国。当代中国同世界的关系发生了历史性变化，中国的前途命运日益紧密地同世界的前途命运联系在一起。我国选择的发展模式和发展道路必然对世界政治经济产生重大影响。随着我国的全方位开放，特别是 2001 年加入世界贸易组织以后，我国与世界经济的相互联系和影响日益加深，国内国际两个市场、两种资源相互补充，发展空间不断扩大。世界各国对我国更加重视，发展对华关系、加强对华合作的意愿不断增强。我国具有国内市场广阔、劳动力资源丰富、政治社会长期稳定等优势，国际影响也在不断增强，发展的回旋余地不断扩大，对发展的主动权的把握能力不断增强。这些都有利于我国加强同世界各国的合作、加快自身的发展。

同时，我们也要清醒地看到，我国的发展也面临着一些重大挑战：影响世界和平与发展的不稳定不确定因素增多，围绕资源、市场、技术、人才的国际竞争日趋激烈，贸易壁垒和贸易摩擦明显增多，发达国家在经济科技上占优势的压力将长期存在。西方敌对势力一刻也没有放弃对我国实施西化、分化的战略图谋，贸易摩擦不断、资源竞争加剧、文化交流交融交锋频繁，维护国家安全的任务更加繁重。我们面临的仍将是一个总体上有利于我国发展，但不利因素也可能增多的环境。

形势逼人，不进则退。如何在新的形势下趋利避害，加快发展，是我国面临的紧迫课题。如果不更新发展思路、提高发展水平，就不可能实现持续快速协调健康的发展，就会在国际竞争中落后于人，甚至被动挨打。抓住机遇、应对挑战、加快发展，就要把中国的发展放到世界的大局中来思考，发挥比较优势，把握有利条件，坚持科学发展的理念，使我国在国际竞争中始终保持主动地位。

科学发展观顺应了时代发展的潮流，是对人类社会发展经验的深刻总结和高度概括。第二次世界大战结束后，加快经济增长成为世界各国的共识，人类创造了前所未有的经济增长成就。但是，由于单纯追求经济增长，出现了经济结构失衡、贫富悬殊加剧、失业增加、社会矛盾激化等一系列严峻的问题。特别是环境问题恶化，一些国家大搞掠夺式开发，一味向自然索取，导致土壤沙化扩大、水土流失严重、气候异常加剧、生态遭到破坏，给社会发展带来严重后果。联合国2000年《全球环境展望》披露：全球环境状况在过去30年内持续恶化，缺水、全球变暖以及全球性的氮污染，对人类生存构成严重威胁。如果国际社会不迅速采取有效措施，人类未来的生存将会面临严重后果。中国共产党深刻总结了世界各国在发展问题上正反两方面的经验，提出要促进人与自然的和谐，实现经济发展和人口、资源、环境相协调，坚持走生产发展、生活富裕、生态良好的文明发展道路，保证一代接一代地永续发展。

相关链接

21世纪中国发展面临的六大严峻挑战

（一）人口三大高峰（即人口总量高峰、就业人口总量高峰、老龄人口总量高峰）相继来临的压力；

（二）能源和自然资源的超常规利用的压力；

（三）加速整体生态环境“倒U形曲线”的右侧逆转的压力；

（四）实施城市化战略的巨大压力；

（五）缩小区域间发展差距并逐步解决三农问题的压力；

（六）国家可持续发展的能力建设和国际竞争力的培育的压力。

世界各国的发展实践表明，发展绝不仅仅是经济增长，而应该是经济、政治、文化、社会全面协调发展，应该是社会公平随着社会财富增加得到更好实现的发展，应该是人与自然相和谐的可持续发展。作为发展中的社会主义大国，我们不能重复其他国家走过的老路，而必须走出一条有中国特色的发展道路。科学发展观是在充分借鉴和吸收世界各国发展的经验教训基础上提出来的，是符合当今世界发展潮流的理性选择。

延伸阅读

生态文明溯源

当代世界的发达国家，在其工业化初期和中期阶段，无不走过一条先污染后治理的传统工业化发展道路。如今的伦敦环境优美，但它曾经被人们称为“雾都”。19世纪50年代，伦敦是一个被各种工厂包围的城市，烟尘笼罩在城市的上空，工业污染严重，集中体现了资本主义工业化的特征。从20世纪60年代开始，人类对自身与自然关系的反思和认识日益深刻。1972年，联合国发表《人类环境宣言》郑重宣示，人类在开发利用环境的同时，也承担着维护自然的义务。20世纪90年代以来，以《里约热内卢环境与发展宣言》、《21世纪议程》为代表的一系列具有里程碑意义的纲领性文件先后问世，标志着人与自然和谐发展的生态文明理念逐步成为世界共识。

英国工业革命时期的一家煤矿

四、青少年要充分认识学习科学发展观的重要意义

科学发展观是我国经济社会发展的重要指导方针，指明了我国经济社会又好又快发展的科学道路，是发展中国特色社会主义必须坚持和贯彻的重大战略思想。

科学发展观是对马克思主义的丰富和发展，它围绕中国特色社会主义伟大实践，继续回答了“什么是社会主义、怎样建设社会主义”，“建设什么样的党、怎样建设党”的问题，创造性地回答了“实现什么样的发展、怎样发展”的问题，进一步深化了对共产党执政规律、社会主义建设规律和人类社会发展规律的认识，使中国共产党对中国特色社会主义的认识达到了新高度。

科学发展观是马克思主义关于发展的世界观和方法论的集中体现。有什么样的发展观，就会有什么样的发展道路、发展模式和发展战略，就会对发展的实践产生根本性、全局性的重大影响。党的十六大指出，本世纪头 20 年，对我国来说，是一个必须紧紧抓住并且可以大有作为的重要战略机遇期。党的十七大进一步明确提出了全面建设小康社会奋斗目标的新要求。我们必须十分珍惜和切实用好这一重要战略机遇期，集中力量，加快发展，全面建设惠及十几亿人口的更高水平的小康社会，使经济更加发展、民主更加健全、科教更加进步、文化更加繁荣、社会更加和谐、人民生活更加殷实。

21 世纪，将是中华民族实现伟大复兴的世纪。科学发展观从根本上反映了全面建设小康社会、加快社会主义现代化、实现中华民族伟大复兴的必然要求，是我们不断前进的强大思想武器。21 世纪的青少年，要跟上时代和社会前进的步伐，就必须珍惜年华，刻苦学习。首

关键词

战略机遇期 是指国际国内各种因素综合作用形成的，能为国家（地区、集团）经济社会发展提供良好机会和境遇，并对其历史命运产生全局性、长远性、决定性影响的某一特定历史时期。

先要以科学理论武装头脑，深入学习马克思列宁主义、毛泽东思想、邓小平理论和“三个代表”重要思想以及科学发展观等重大战略思想。青少年学习马克思主义首先要系统学习科学发展观，掌握科学发展观的科学内涵、精神实质、根本要求，掌握贯穿其中的马克思主义世界观和方法论。通过学习，更好地掌握中国共产党的基本理论、基本路线、基本纲领、基本经验，进一步提高自己的思想理论素质和综合素质，进一步坚定理想信念，树立雄心壮志，以更加坚定的步伐走向光明的未来。

相关链接

全面建设小康社会的目标

到 2020 年，我们这个历史悠久的文明古国和发展中社会主义大国，将成为工业化基本实现、综合国力显著增强、国内市场总体规模位居世界前列的国家，成为人民富裕程度普遍提高、生活质量明显改善、生态环境良好的国家，成为人民享有更加充分民主权利、具有更高文明素质和精神追求的国家，成为各方面制度更加完善、社会更加充满活力而又安定团结的国家，成为对外更加开放、更加具有亲和力、为人类文明作出更大贡献的国家。

孟子说：“天将降大任于是人也，必先苦其心志，劳其筋骨，饿其体肤，空乏其身，行拂乱其所为，所以动心忍性，曾益其所不能。”可见，要想获得卓越的才能，形成完善的人格，成就一番伟业，就必须刻苦学习，努力实践，接受各种艰难磨炼和考验。青少年时期可塑性大，是人生的起步阶段，是思想品德养成的关键时期，刻苦学习，努力实践尤为重要。千百年来，多少中华民族的志士仁人正是在青少年时期不懈钻研、艰苦磨炼，百折不挠，成就了无数惊天动地、可歌可泣的不朽事业。同学们，努力学习吧！努力掌握安身立命的科学理论并身体力行，更加自觉地以科学发展观武装头脑，更加自觉地以科学发展观指导行动，努力做贯彻落实科学发展观的积极推动者。这必将使你们终身受益，最终成长为真正有益于国家和人民的人。

思考题

1. 科学发展观的提出有什么重要意义？
2. 科学发展观形成的依据是什么？
3. 青少年应该怎样认识科学发展观？

五千年的中华文明，
在人类历史上闪烁着万丈光焰。
百余年近代史，
一部刻满屈辱与抗争的史篇。

落后就要挨打，
这是历史留给我们的至理；
发展是硬道理，
这是实践中得出的名言。

发展，不只是经济的增长，
发展，要好字优先。
科学发展观，
一个重大的战略思想，
引领着二十一世纪的中国阔步向前。

第二章 科学发展观第一要义是发展

发展，是当今中国叫得最响亮的词汇，是贯穿改革开放30年的主旋律。改革开放以来，中国特色社会主义之所以展现出蓬勃生机，是与党和国家始终抓住发展这个主题、在实践中不断推进发展分不开的。科学发展观以“发展”作为中心概念，科学总结了我国改革开放和现代化建设的成功经验，紧紧抓住了关系中国特色社会主义前途和命运的根本性问题。

一、发展对于坚持和发展中国特色社会主义具有决定性意义

中国特色社会主义是靠发展来不断巩固和前进的。社会主义的优越性归根到底要体现在它的生产力比资本主义的发展得更快一些，更高一些，否则，就没有说服力。像中国这样经济文化比较落后的国家建设社会主义，更需要采取一切有效手段，大力发展生产力，实现全国各族人民的共同富裕。这是中国特色社会主义兴旺发达的根本前提。

通过革命和建设，扫清阻碍生产力发展的障碍，实现强国梦，使中国摆脱贫困落后，建设强大的现代化国家，这是以毛泽东为代表的老一辈革命家梦寐以求的愿望。在总结我国社会主义建设的经验教训时，邓小平指出："如果在一个很长的历史时期内，社会主义国家生产力发展的速度比资本主义国家慢，还谈什么优越性？"他在 1992 年视察南方的重要谈话中提出了"发展才是硬道理"的著名论断，指出中国解决一切问题的关键是要靠自己的发展。江泽民强调，"我们党在中国这样一个经济文化落后的发展中大国领导人民进行现代化建设，能不能解决好发展问题，直接关系人心向背、事业兴衰。""离开发展，坚持党的先进性、发挥社会主义制度的优越性和实现民富国强都无从谈起。"

延伸阅读

“发展才是硬道理”——中华民族兴衰荣辱的历史结论

中国古代文明曾经长期领先于世界。但是从18世纪末期开始，由于封建统治者不顾时势，闭关自守，夜郎自大，安于现状，固步自封，导致生产力发展非常迟缓。而当清朝统治者沾沾自喜于“康乾盛世”的余晖时，欧美资本主义国家却乘着工业革命的东风，迅速发展起来，中国被甩在了后面。于是，这个衰落了的封建帝国，沦为侵略的对象。在西方列强坚船利炮大举进攻面前，腐败无能的清朝政府，使中国这个拥有数千年灿烂文明的泱泱大国，长期陷于灾难的深渊。历史就这样无情地演唱了一曲被马克思称为“任何诗人想也不敢想的一种奇异的对联式悲歌”。

发展是我国社会主义初级阶段的客观要求。我国社会主义初级阶段的主要矛盾，是人民日益增长的物质文化需要同落后的社会生产之间的矛盾，发展不足，生产力不发达，始终是困扰我们的首要问题。只有用发展的办法解决前进中的问题，我们才能不断前进。如社会上出现的下岗失业问题，农民收入增长缓慢等问题，必须靠发展才能解决。改革开放以来，我国现代化建设之所以取得举世瞩目的历史性成就，我们党之所以能战胜各种困难、风险和挑战，发展了中国，发展了社会主义，发展了马克思主义，都与始终抓住发展这个根本问题密切相关。事实充分证明：坚持以发展为主题，用发展的眼光、发展的思路、发展的办法解决前进中的问题，就能把中国特色社会主义不断推向前进。

发展是在激烈的国际竞争中立于不败之地的要求。综观当今国际形势，我们有不可多得的历史机遇，也面临着严峻的挑战。我们正面对着世界经济和科技前所未有的大发展，也面对着综合国力前所未有的激烈竞争。这是一场全球范围的大竞争。在这场竞争中，实施发展就如同逆水行舟，不进则退。只有加快发展，增强经济实力，提高综合国力，才能提高我国的国际地位，才能从容应对可能出现的风险和考验，才能在风云变幻的国际局势中处于主动地位，立于不败之地。

从世界上正反两方面的经验看，能否不断解放和发展生产力，推动经济和社会的全面发展，是执政党能否赢得人民拥护、巩固执政地位的关键条件之一。苏联解体、东欧剧变，原因是多方面的，其中一个重要原因就是这些国家执政的共产党没有解决好发展问题。中国共产党执政六十年，在推进中国发展的问题上进行了有益探索，取得了历史性的伟大成就，这是中国共产党能始终赢得人民拥护的重要原因。党的十一届三中全会以后确立的“中国的发展路线”，以发展为主题，充分表明中国共产党执政的目的始终着眼于发展，执政的任务始终致力于发展，执政的措施始终围绕着发展，执政的成效始终用发展来检验。把发展作为执政兴国的第一要务，表明了中国共产党始终坚持以发展为己任、以兴国为目标、以富民为取向的历史使命感和政治责任感。

延伸阅读

改革开放 30 年我国经济领域发生的巨大变化

30 年来，国家财力空前增强：1978 年国家财政收入只有 1 132 亿元，到 2008 年，国家财政收入已经超过 6 万亿元。财力的增加对促进经济发展、加强经济和社会中的薄弱环节、切实改善民生、有效应对各种风险和自然灾害的冲击提供了有力的资金保障。

30 年来，我们使外汇储备短缺迅速成为历史。1978 年，我国外汇储备仅 1.67 亿美元。2008 年我国外汇储备达到 1.95 万亿美元，居世界第一位。

30 年来，人民生活不断改善，城乡居民收入水平和富裕程度显著提高。城镇居民人均可支配收入由 1978 年的 343 元提高到 2008 年的 15 781 元。农村居民人均纯收入由 134 元提高到 4 761 元。农村绝对贫困人口从 2.5 亿人减少为 1 479 万人。城乡居民生活实现了从温饱不足到总体小康的历史性跨越。

发展要善于抓住机遇，珍惜机遇，用好机遇。能不能抓住机遇、加快发展，是一个国家、一个民族赢得主动、赢得优势的关键所在。新中国成立后的一个相当长的历史时期，我们曾抓住过一些机遇，但也丧失了一些机遇。改革开放前，由于对国情认识不清，对什么是社会主义、如何建设社会主义认识不清，因此走了很多弯路。我们没有赶上和抓住发生于 20 世纪 50 年代和 60—70 年代两次全球产业结构转换的机遇，在相当长的时期发展水平落后于西方发达国家和亚洲的新兴国家和地区。改革开放 30 年来，我们牢牢抓住了发展机遇，实现了长期快速的发展，取得了巨大成就。我国经济实现了世界上少有的发展速度：1978—2007 年，年均增长 9.8%；国内生产总值由 3 645 亿元迅速跃升至 249 530 亿元；由世界第 10 位上升到第 4 位；人均国内生产总值由 381 元上升至 18 934 元。2008 年国内生产总值高达 300 670 亿元。

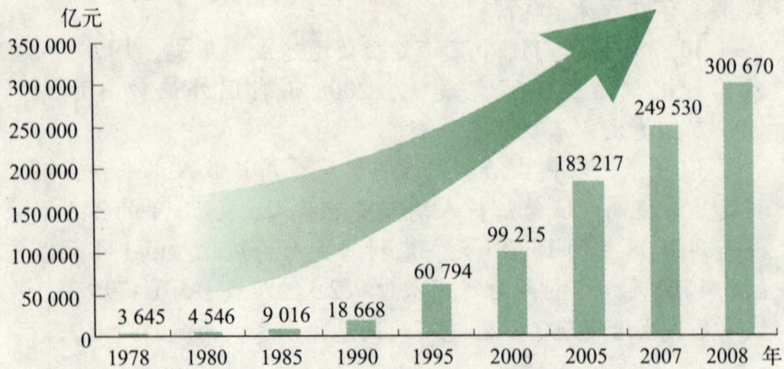

1978—2008年国内生产总值

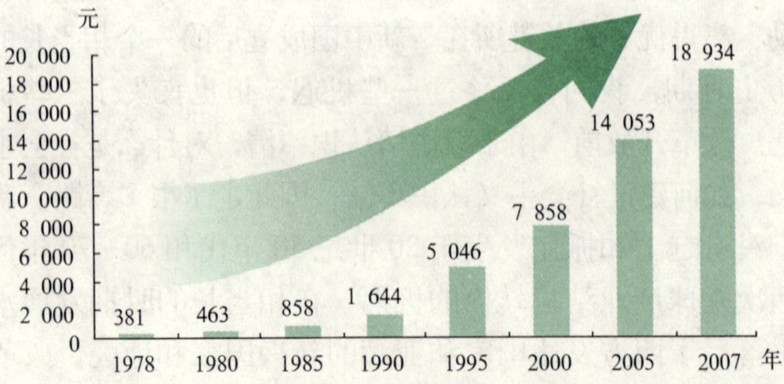

1978—2007年人均国内生产总值

进入新世纪，我们面临着新的更大的发展机遇。一是中国进入了全面建设小康社会，加快推进社会主义现代化建设的新阶段。今后一二十年更是中国经济发展的关键时期，是中国实施第三步发展战略、全面建设小康社会的关键时期。二是加入世界贸易组织，我国将在更大范围和更大程度上参与经济全球化，对外开放进入新阶段，我们可以更好地利用国际国内两种资源、两个市场。三是国际格局发生了深刻变化。我国成为世界格局中的重要因素，在维护世界和平稳定、推进建立公正合理的国际政治新秩序中发挥着不可替代的重要作用。这使得中国的分量在加重，在国际事务中的地位进一步提高。四是我们面临第三轮全球产业结构大调整的新机遇。我们可以利用世界产业结构调整的大背景，积极调整我国的产业结构，改造传统产业，发展高新技术产业，带动经济发展。我们的现代化在面临工业化与信息化双重使命的同时，也迎来了工业化与信息化的双重机遇。五是改革进入了新阶段。当前，我国面临深化改革的艰巨任务，但也孕育着以改革促发展的新机遇和新生长点。加快重要领域和关键环节的改革开

相关链接

中国经济第三步发展战略

到2010年，实现人均国内生产总值比2000年翻一番，使人民的小康生活更加宽裕。到2020年，在建党将近100年的时候，将实现全面建设小康社会的宏伟目标。到21世纪中叶，在新中国成立100年的时候，人均国民生产总值将达到中等发达国家水平，基本实现现代化。

放步伐，就可以促进国民经济和各项事业新的更大发展，就可以为进一步实现科学发展提供强大动力和体制保障。胡锦涛指出："中国过去三十年的快速发展，靠的是改革开放；中国未来的发展，也必须靠改革开放。"加快改革步伐，将使中国焕发出新的生机和活力。

当前，国际金融危机来势汹汹，许多国家经济面临严重困难，对我国经济也产生了重要影响。但要看到这场危机对我国来说，既是挑战，又是机遇。我们一定要牢牢抓住机遇，按照保增长、扩内需、调结构、促改革、惠民生的总要求，只争朝夕，加倍努力，开拓进取，聚精会神地做好经济和社会发展这篇大文章，不断增强我国的经济实力、国防实力和民族凝聚力。

二、发展必须牢牢抓住经济建设这个中心

科学发展观强调第一要义是发展，就是要牢牢抓住经济建设这个中心，不断解放和发展社会生产力，为发展中国特色社会主义奠定坚实的物质基础。

发展首先是发展经济。物质生产是人类社会生存和发展的基础，生产力是人类社会发展的最终决定力量。社会主义必须建立在发达的生产力基础上，社会主义初级阶段的主要矛盾，始终是人民日益增长的物质文化需要同落后的社会生产之间的矛盾，解放和发展生产力始终是党和国家的中心任务。坚持以经济建设

延伸阅读

中国和世界主要发达国家的差距

我国虽然已经达到小康目标，开始全面建设小康社会，社会主义现代化取得了巨大成就。但是，我国与世界主要发达国家的差距还很大，中国的国民生产总值只有美国的1/9，日本的1/4；国民经济质量特别是高新技术水平还较落后。随着经济全球化进程的不断加快，科学技术的突飞猛进，国际竞争日益激烈，新的竞争局面正在出现，放松发展、放慢发展都有被淘汰的危险。

相关链接

中国改革开放30年经济社会巨变

（一）国内生产总值（GDP）从占世界1.8%升至6%，综合国力由弱到强；

（二）国家财政收入从1 132亿到6万多亿元，财政家底愈发厚实；

（三）城乡居民收入实际增长超过6倍，实现从温饱不足到总体小康；

（四）进出口总额从世界第29位上升到第3位，成为名副其实的外贸大国；

（五）外汇储备从1.67亿到1.95万亿美元，实现由短缺到富足；

（六）从国有经济占绝对优势到非公经济快速发展，多种所有制经济共同发展；

（七）城镇化率从17.9%上升到44.9%，城乡协调共同发展；

（八）主要产品产量居世界前列，商品和服务从短缺到总体平衡；

（九）新增公路269万公里，基础设施、基础产业“瓶颈”不断缓解；

（十）教育普及程度接近中等收入国家平均水平，社会事业加快发展。

为中心，抓住了我国发展的关键，符合历史进步和我国经济社会发展的客观要求、符合人民群众的新期待。以经济建设为中心任何时候任何情况下都不能动摇、不能放松。

国家的昌盛，人民的富裕，说到底是经济实力问题。国际竞争，说到底也是经济实力的竞争。一个国家没有一定的经济实力，不仅谈不上到国际舞台上去竞争，而且往往要被人家欺负。我国近代的历史和当今世界的现实都清楚地表明，经济落后就会非常被动，就会受制于人。当前，世界上许多国家特别是我们周边的一些国家和地区都在加快发展。如果我们经济发展慢了，社会主义制度的巩固和国家长治久安将会遇到极大困难。只有经济大大发展了，经济实力和综合国力大大增强了，我们的腰杆子才能更硬，我们在国际上说话才更有分量，支持我们的朋友才会更多。所以，以经济建设为中心，任何时候任何情况下都不能动摇、不能放松。

党的十七大提出全面建设小康社会奋斗目标的新要求，到 2020 年要实现人均国内生产总值比 2000 年翻两番。实现这一目标意义深远，任务艰巨。坚定不移地推动经济较快发展，对于全面建设小康社会、加快推进社会主义现代化具有重大战略意义。只有加快经济发展，才能实现全面建设小康社会的战略目标，完成社会主义现代化建设“三步走”的战略任务；才能不断满足人民群众日益增长的物质文化需要，提高人民群众的生活水平，朝着共同富裕的方向不断前进。

三、发展应该是又好又快

我国内蒙古西南部的鄂尔多斯，曾经是“老、少、边、贫”的典型地区，风大沙多，干旱少雨，现在却是一个工业大市、绿色大市、畜牧业大市和文化大市。2007 年该市国内生产总值达到 1 200 亿元人民币，人均国内生产总值达 1 万美元，城镇化率达到 61% 以上，植被覆盖率达到 75% 以上，已成为塞北高原上一颗璀璨的明珠。鄂尔多斯发生巨变的奥秘，就在于以科学发展观为指导，坚持好字优先，促进经济结构优化，加快经济发展方式转变，实现又好又快发展，形成了生产发展、生活改善和生态良好的多赢局面。

科学发展观强调第一要义是发展，不是仅仅指发展的速度，同时还指发展的质量，是又好又快的发展。又好又快，要求快以好为前提，坚持好字优先，努力实现长期持续的快速增长。当然，快也不是可以忽视的，快也是好的必要条件。较快增长本身就是较好发展的重要基础。只有保持较快的增长，才能抓住机遇，不断增强经济实力，使经济增长的潜力充分发挥出来，更好地解决发展中存在的矛盾和问题。又好又快发展是有机统一的整体，不能把二者割裂开来和对立起来。

经济发展需要一定的速度，中国作为一个发展中的大国更需要长期保持较快的发展速度，否则不可能逐渐赶上发达国家的经济水平，使广大人民过上比较富裕的生活。然而，保持经济发展速度，要建立在优化结构、提高质量和效益的基础上。发展不能片面追求速度。忽视增长的质量和效益，不惜浪费资源和破坏环境，片面追求一时的高速度，势必造成大起大落，最终不能实现真正的发展。因此，发展光看速度是不行的，要把速度和效益二者结合起来。

相关链接

绿色 GDP

绿色 GDP 是绿色经济 GDP 的简称。指从 GDP 中扣除自然资源耗减价值与环境污染损失价值后剩余的国内生产总值，又称可持续发展国内生产总值。

必须克服单纯追求 GDP 增长的发展观念。GDP 即国内生产总值，是目前世界通用的重要的宏观经济指标，是衡量一个国家或地区经济发展规模、发展速度的重要标志。用它来衡量经济发展的成败，具有综合性强和简便易行的优点。在我国整个现代化建设进程中，保持GDP的增长都是至关重要的。没有GDP一定数量的增长，就没有物质财富的积累，就谈不上其他发展。但是，也要看到，作为综合经济考核指标，GDP也有着不容忽视的缺陷。它不能全面反映经济增长的质量和结构，不能全面反映人们实际享有的社会福利水平，也不能准确衡量社会分配的公平和公正。一切为了GDP，把GDP增长作为唯一目的、作为衡量发展成败的唯一指标，势必忽视增长的质量和效益，不惜浪费资源和破坏环境，不能实现真正的发展。有质量、有效益的发展，才是真正的发展，才真正体现了发展是硬道理。

四、加快转变经济发展方式

看到这样的数据，我们会感到不安：2006年我国GDP总量达到27 000亿美元，占世界GDP总量的5.5%左右，但我们为此消耗了多少能源和资源呢？能源消耗达到了24.6亿吨标准煤，大约占世界能源消耗量的15%；钢材消耗达到了3.88亿吨，大约占世界钢材消耗量的30%；水泥消耗达到了12.4亿吨，大约占世界水泥消耗量的54%。这些事实告诉我们，我国经济增长付出的能源、资源代价过大，生态环境压力日益加大。加快转变经济发展方式已经成为一项十分紧迫的任务。

实现又好又快发展，关键是转变经济发展方式。经

相关链接

我国资源产出效率低

一方面，我国矿产资源总回采率仅为30%，比世界平均水平低20个百分点；矿产资源采选冶综合回收率及共伴生有用矿物的综合利用率均低于世界平均水平。另一方面，我国单位资源产出效率大大低于国际先进水平。按现行汇率计算，我国单位资源的产出水平相当于美国的1/10、日本的1/20、德国的1/6。我国每吨标准煤的产出效率，只相当于美国的28.6%，欧盟的16.8%，日本的10.3%。每立方米水的产出效率，世界平均是37美元，我国只有2美元，而英国是93美元，日本是55美元，德国是51美元。

济发展方式问题，通俗地讲，就是依赖什么要素，借助什么手段，通过什么途径，来实现经济发展的问题。过去，我们一般讲转变“经济增长方式”，党的十七大改变了提法，提出要转变“经济发展方式”。由转变经济增长方式到转变经济发展方式，虽然只是两个字的改变，但有着十分深刻的内涵。增长并不等于发展。转变经济发展方式，除了涵盖转变经济增长方式的全部内容外，还对经济发展的理念、目的、战略和途径等提出了新的更高要求。将“增长”改变为“发展”，更为科学合理，更加符合“又好又快”的要求。

我国正处于改革发展的关键阶段，也是推进工业化、现代化的重要时期。能不能适应国际环境的新变化、适应我国发展的新要求，在转变经济发展方式上取得重大突破，关系到我们能不能牢牢把握发展的主动权、能不能在较长时期内继续保持经济平稳较快发展。

要深刻认识转变经济发展方式的重大意义，大力推动经济增长由粗放型向集约型转变、由片面追求经济增长向全面协调可持续发展转变，不断赢得发展新优势、开创发展新局面。

近年来，党和政府采取了许多举措，推动经济发展方式转变，取得了明显成效。但从总体上看，我国经济仍然没有摆脱粗放型的发展方式，一些高投入、高消耗、高排放、难循环、低效率的项目屡禁不止。靠拼土地、拼劳力、拼投资的发展方式，已难以支撑经济持续健康发展，加快经济发展方式转变已刻不容缓。我国的资源储量有限，能源、原材料对国际市场的依赖程度很大，过高的能源、资源消耗，会加大我国经济发展的风险，直接威胁到我们的经济安全。只有转变经济发展方式，才能打破能源、资源和环境的瓶颈制约，真正使我国经济实现持续稳定快速的发展。

转变经济发展方式，是提升我国经济国际竞争力的必然要求。随着我国加入世界贸易组织和对外开放的扩

关键词

粗放型经济增长方式 是指主要依靠增加生产要素的投入，即增加投资、扩大厂房、增加劳动力投入，来增加产量，这种经济增长方式又称外延型增长方式。其基本特征是依靠增加生产要素数量的投入来扩大生产规模，实现经济增长。

集约型经济增长方式 是指在生产规模不变的基础上，采用新技术、新工艺，改进机器设备、加大科技含量的方式来增加产量，这种经济增长方式又称内涵型增长方式。其基本特征是依靠提高生产要素的质量和利用效率，来实现经济增长。

大，我国在世界经济体系中承担起重要角色。但由于经济增长方式粗放，一味靠增加投资来扩大生产能力，我国在国际产业链中的地位相对较低，关键技术大多不为我们掌握，出口产品少有自主知识产权，主要承担中间加工和组装，多数利润为外商攫取，却付出了宝贵的能源、资源和廉价的劳动力，还把工业污染留了下来。这不利于我国的长远发展。能源、资源的过分耗费，超前“侵占”了子孙后代赖以生存发展的基础，破坏了生产和自身再生产的潜能。

实践经验表明，加快转变经济发展方式，实现经济又好又快发展，要根据世界科技发展新趋势、国际经济合作与竞争的新格局和我国经济成长新阶段的客观要求，实施科教兴国战略和可持续发展战略，走出一条科技含量高、经济效益好、资源消耗低、环境污染少、人力资源优势得到充分发挥的新型工业化道路。要走上这样的新型化工业化道路，关键在于实现“三个转变”。

一是实现经济增长由主要依靠投资、出口拉动向依靠消费、投资、出口协调拉动转变。

关键词

自主知识产权 亦称“自有知识产权”。一般指与非自主知识产权相对应的，在一国疆域范围内由本国公民、企业法人或非法人机构作为知识产权权利主体，对其自主研制、开发、生产的“知识产品”（如计算机软硬件、网络信息产品等），及获得许可购买他国或他人专利、专有技术、商标、软件等所享有的一种专有权利。

消费、投资、出口是拉动经济增长的“三驾马车”。改革开放以来，我国经济保持快速增长，从国际比较看，我国消费增长并不慢，但投资和出口增长更快，出现了投资比重过高、贸易顺差过大、消费比重偏低的格局。投资与消费的关系失衡，使得居民生活水平不能随着经济快速增长而同步提高，导致生产能力相对过剩。内需不足，又加大了经济增长对出口和投资的依赖性。这些问题使我国经济面临较大的风险。要使我国经济保持持久稳定的增长，就要扩大国内需求，完善收入分配政策，持续增加城乡居民收入，鼓励合理消费，促进国民经济良性循环，不断提高人民生活水平。

二是实现经济增长由主要依靠第二产业带动向依靠第一、第二、第三产业协同带动转变。

近些年来，我国第一、二、三产业都有了很大发展，但仍存在农业基础薄弱、工业素质不高、服务业发展滞后等问题。从最近几年我国各产业对经济增长贡献率的变化情况看，第一产业在国民经济中的比重下降，其对经济增长的贡献率也处于较低水平；第二产业对经济增长的贡献率最大，是影响国民经济增长最重要的因素；第三产业对经济增长的贡献率呈上升趋势。有鉴于此，当前要大力推进产业结构优化升级，巩固第一产业，提升第二产业，做大第三产业。

三是实现经济增长由主要依靠增加物质资源消耗向主要依靠科技进步、劳动者素质提高、管理创新转变。

改革开放以来，我们大力解放和发展社会生产力，

经典案例

“气球虽大无斤两，秤砣虽小压千斤”

从中美欧纺织品争端的谈判中，原商务部长薄熙来一番“中国要卖出 8 亿件衬衫，才能买回一架空客 A380”的感慨中，从块状经济相对发达的浙江省一些企业老板“我们一年能生产 3 亿条领带，但世界领带顶级品牌却在意大利”、“我们一年能制造 55 亿支圆珠笔，但关键技术的笔芯却要靠外购”、“我们一年能织出 100 亿双袜子，但每双的均价只有 2 元”等尴尬和无奈中，我们可明确地得出：“气球虽大无斤两，秤砣虽小压千斤”。这是市场经济的规律和科技含金量大的合理反映。只有拥有自主知识产权，才能抢占市场竞争的主动权。

星光中国芯工程

“星光中国芯工程”是以数字多媒体芯片为突破口，致力于将“中国芯”打入国际市场的国家战略工程。1999 年 1 月，邓中翰、杨晓东等一批留美归国博士在北京中关村启动了“星光中国芯工程”，随后组建中星微电子公司负责实施。自 1999—2008 年，“星光中国芯工程”经过十年的自主创新，取得了八大核心技术的突破和大规模产业化的一系列重要成果，申请国内外技术专利 1 500 多项。“星光”数字多媒体芯片已成功打入国际市场，并实现了全球数亿枚的销售量，证实了“星光中国芯工程”以数字多媒体技术为突破口这一决策的前瞻性和科学性，实现了中国高科技产业由“中国制造”向“中国创造”的迈进。

充分发挥低成本优势，迅速扩大生产能力，许多产品产量跃居世界前列，国际市场份额不断扩大。但由于自主创新能力不足，拥有自主知识产权的产品不多。比如，由于缺乏核心技术、自主知识产权和世界知名品牌，我国企业不得不将每部手机售价的20%、计算机售价的30%、数控机床售价的20%—40%，支付给国外专利持有者。要使我国经济向更高水平跃升，不断提高国际竞争力和抗风险能力，必须大力增强自主创新能力，积极促进科技成果向现实生产力转化，努力塑造新的国家竞争优势。

五、不断完善社会主义市场经济体制

实现又好又快发展，要继续深化改革开放，进一步完善社会主义市场经济体制。改革开放是党在新的时代条件下带领人民进行的新的伟大革命，目的就是要解放和发展社会生产力，实现国家现代化，让中国人民富裕起来，振兴伟大的中华民族；就是要推动我国社会主义制度自我完善和发展，赋予社会主义新的生机活力，建设和发展中国特色社会主义；就是要在引领当代中国发展进步中加强和改进党的建设，保持和发展党的先进

关键词

自主创新　自主创新通常有三层含义：(1) 重大的原创性的科学发现和技术发明；(2) 在已有科学技术成果上的系统集成创新；(3) 在有选择地积极引进国外先进技术的基础上进行消化、吸收和再创造。

性，确保党始终走在时代前列。

新时期最鲜明的特点是改革开放，最显著的成就是快速发展，最突出的标志是与时俱进。改革开放极大地调动了亿万人民的积极性，使我国成功实现了从高度集中的计划经济体制到充满活力的社会主义市场经济体制、从封闭半封闭到全方位开放的伟大历史转折。改革开放不仅使中国人民平稳地走上了富裕安康的广阔道路，而且为世界经济发展和人类文明进步作出了重大贡献。今天，一个面向现代化、面向世界、面向未来的社会主义中国巍然屹立在世界东方。事实雄辩地证明，改革开放是决定当代中国命运的关键抉择，是发展中国特色社会主义、实现中华民族伟大复兴的必由之路。

我国经济体制改革的目标是建立社会主义市场经济体制。在社会主义条件下发展市场经济，是前无古人的伟大创举，是中国共产党人在创造性地发展马克思主义理论的进程中作出的历史性贡献。

新中国成立初期，我们学习苏联建设社会主义的经验，从 1953 年起，开始了有计划的经济建设，逐步建立起高度集中的计划经济体制。在当时，在我国经济比较落后、发展水平较低、经济结构较为简单的情况下，计划经济起了较好的作用。随着我国经济规模的扩大和

关键词

计划经济　以社会化大生产为前提，在生产资料公有制的基础上，社会主义国家根据客观经济规律的要求，特别是有计划按比例发展规律的要求，通过指定性和指导性计划来进行管理和调节的国民经济。

经济结构的复杂化，计划经济体制的弊端越来越明显。十一届三中全会后，我国开始了改革开放。我们党围绕新经济体制的建立，以市场经济改革为取向，在理论和实践两个方面进行了大胆探索。在建立什么样的经济体制问题上，邓小平提出："计划经济不等于社会主义，资本主义也有计划；市场经济不等于资本主义，社会主义也有市场。"这对推动建立新的经济体制作出了重大贡献。江泽民根据邓小平关于社会主义也可以搞市场经济的一系列论述，明确提出使用"社会主义市场经济体制"这个提法。党的十四大正式把建立社会主义市场经济体制确立为我国经济体制改革的目标。十四届三中全会通过的《关于建立社会主义市场经济体制若干问题的决定》，勾画了建立社会主义市场经济体制的蓝图和基本框架。到20世纪末，我国初步建立了社会主义市场经济体制。

社会主义市场经济体制是同社会主义基本制度结合在一起的。社会主义市场经济，就是要把社会主义基本制度的优势同市场的优势结合起来，使市场在国家宏观调控下对资源配置起基础性作用。江泽民说："我们搞的是社会主义市场经济，'社会主义'这几个字是不能没有的，这并非多余，并非'画蛇添足'，而恰恰相反，这是'画龙点睛'。所谓'点睛'，就是点明我们市场经济的性质。"改革开放的实践证明，社会主义不仅可以搞市场经济，而且应该搞市场经济，建立和完善社会主义市场经济体制是中国改革和发展的必然选择。由计划经济体制向社会主义市场经济体制的转变，实现了改革开放新的历史性突破，打开了我国经济、政治、文化、社会全面发展的崭新局面。

当前，社会主义市场经济体制改革的任务依然繁重，实现科学发展仍面临诸多体制障碍。要坚持和完善社会主义公有制为主体、多种所有制经济共同发展的基本经济制度，坚持国有经济的主导地位，毫不动摇地巩固和发展公有制经济，毫不动摇地鼓励、支持和引导非公有制经济发展，坚持平等保护物权，形成各种所有制经济平等竞争、相互促进新格局。要坚持和完善按劳分配为主体、多种分配方式并存的分配制度，坚持各种生产要素按贡献参与分配，在经济发展的基础上，更加注重社会公平。要坚持和完善国家对经济的宏观调控，切实加强和改善宏观调控，综合运用财政、货币政策，发挥国家发展规划、计划、产业政策在宏观调控中的导向作用，提高宏观调控的科学性、预见性、有效性，形成有利于科学发展的宏观调控体系。

关键词

物权 根据《物权法》第二条第三款的规定，物权是指权利人依法对特定的物享有直接支配和排他的权利。它是权利人因物而产生的权利，是法律确定和保护的权利。

经典言论

人类总是不断发展的，自然界也总是不断发展的，永远不会停止在一个水平上。因此，人类总得不断地总结经验，有所发现，有所发明，有所创造，所有前进。停止的论点，悲观的论点，无所作为和骄傲自满的论点，都是错误的。

——毛泽东

讲社会主义，首先就要使生产力发展，这是主要的。只有这样，才能表明社会主义的优越性。社会主义经济政策对不对，归根到底要看生产力是否发展，人民收入是否增加。这是压倒一切的标准。

——邓小平

能不能抓住机遇，加快发展，是一个国家、一个民族赢得主动、赢得优势的关键所在。

——江泽民

树立和落实科学发展观，必须始终坚持以经济建设为中心，聚精会神搞建设，一心一意谋发展。科学发展观，是用来指导发展的，不能离开发展这个主题，离开了发展这个主题就没有意义了。

——胡锦涛

思考题

1. 如何理解科学发展观的第一要义是发展？
2. 为什么说发展首先是发展经济？
3. 谈谈你对又好又快发展的理解。
4. 加快转变经济发展方式关键要实现哪三个转变？

茫茫宇宙，浩浩星汉，
智慧的人类显示着非凡。
漫长的进化，文明拓展，
人民当家做主的历史还很短暂。

1949 年金秋的天安门广场，
“人民万岁”的高呼响彻云天。
一代伟人开天辟地，
“三座大山”一去不返。

“全心全意为人民服务”，
是共产党人一切工作的出发点。
“以人为本”，“执政为民”，
新一代领导人向人民发出了誓言。

第三章 科学发展观核心是以人为本

什么是以人为本？以人为本的内涵非常丰富。为便于理解这个概念，我们不妨回顾一下2008年的抗震救灾工作。四川汶川特大地震发生之后，党和政府立即指示，人的生命高于一切，要把抢救人民群众生命放在首位，“只要还有一线希望，只要还有一点生还的可能，我们就要作百倍的努力”。这一宣示、这种态度、这种行动，就是对“以人为本”的最好诠释。以人为本是科学发展观的核心。它体现了中国共产党全心全意为人民服务的根本宗旨，体现了社会主义制度本质特征。贯彻落实科学发展观，就要切实把以人为本体现到经济社会发展的各个方面。

一、以人为本就是以最广大人民的根本利益为本

科学发展观是造福人民的发展观。科学发展观强调，人的发展才是经济发展的最终目的。离开人的需要，发展就失去了意义，就不是我们所需要的发展。胡锦涛说："坚持以人为本，就是要以实现人的全面发展为目标，从人民群众的根本利益出发谋发展、促发展，不断满足人民群众日益增长的物质文化需要，切实保障人民群众的经济、政治和文化权益，让发展的成果惠及全体人民。"这一论断，深刻阐明了以人为本的根本意义。

"以人为本"的内涵和实质是什么呢？以人为本的"人"，是指人民群众。在当代中国，就是以工人、农民、知识分子等劳动者为主体，包括社会各阶层人民在内的中国最广大人民。以人为本的"本"，就是本源，就是根本，就是出发点、落脚点，就是最广大人民的根本利益。

以人为本体现了马克思主义的基本观点。历史唯物主义认为，人民是历史发展的主体、是推动历史前进的根本力量。马克思主义追求的最高价值目标，就是解放全人类，实现每个人的全面而自由的发展。"以人为本"正是体现了马克思主义的这些思想。

以人为本，主张发展的根本目的是为人民服务，回

答了为什么发展、发展“为了谁”的问题；主张人民是发展的根本动力，回答了怎样发展、发展“依靠谁”的问题；主张发展的成果惠及全体人民，让全体人民共享发展的成果，回答了发展的最终意义问题。一切为了人民，一切依靠人民，一切成果归人民共享，三者的统一构成了以人为本的基本要求。

相关链接

中国古代的民本思想

中国古代的民本思想十分丰富。春秋时期，齐国著名政治家管仲最先提出了以人为本的概念。他在《管子·霸业》中说：“夫霸王之所始也，以人为本，本治则国固，本乱则国危。”孟子也曾说过：“民为贵，社稷次之，君为轻。”

坚持以人为本，就要始终坚持人民在中国特色社会主义事业中的主体地位，尊重人民的首创精神，发挥人民的积极性、主动性、创造性；就要切实保障人民充分享有应当享有的各方面利益，维护社会公平正义，满足人们的发展愿望和多样性需求，关心人的价值、权益和自由，关注人们的生活质量、发展潜能和幸福指数，体现社会主义的人道主义和人文关怀，促进人的全面发展。

那么，以人为本与中国古代的民本思想和西方的人本主义有什么联系呢？

以人为本的观念在我国历史上源远流长。中华文明历来尊重人的价值和尊严。早在千余年前，中国人就

关键词

幸福指数　幸福指数是衡量人的幸福快乐的标准，国际上称之为国民幸福总值 (Gross National Happiness)，简称 GNH。

提出了“民惟邦本，本固邦宁”、“天地之间，莫贵于人”，强调“政之所行，在顺民心；政之所废，在逆民心”。中国古代的民本思想，体现了朴素的重民价值取向，在一定程度上起到了缓和阶级矛盾、减轻人民负担的作用。我们今天强调的以人为本，继承了中国古代的民本思想，但又与它存在着实质上的区别。民本思想中的“民”，是相对于“君”、相对于统治者而言的，其本质是为了维护封建统治阶级的统治地位，是实现“得民心、存社稷、固君位、达邦宁”的“驭民”、“治民”之术，其价值取向是君本位而非民本位。这种统治思想，在重民、亲民的同时又畏民、愚民，甚至把人民群众看作是供君王驱使的“牛羊”。毛泽东说过：“剥削阶级的‘爱民’同爱牛差不多，我们不同，我们自己就是人民的一部分，我们党是人民的代表。”

以人为本也不同于西方的人本主义。近代西方人本主义反对迷信、崇尚科学，反对专制、崇尚自由，反对神权、张扬人性，对反对封建主义、推进人的解放起到过一定的积极作用。但是，在以私有制为基础的资本主义制度下，人本主义以实现自我利益为中心价值追求，必然导致 “以钱为本”、“以资本为本”、“以物为本”。同时，人本主义离开具体的历史条件，离开人的社会性，以抽象的、永恒不变的人性说明社会历史，是历史唯心主义，在本质上是为资产阶级取得和维护统治地位服务的。

我们今天强调的以人为本，坚持了历史唯物主义的基本立场和基本观点，是真正尊重人民群众的历史主体地位，关心人、爱护人、尊重人的价值，将实现好、维护好、发展好最广大人民的根本利益作为执政的出发点和归宿；而中国古代的民本思想和西方的人本主义，则站在唯心史观的立场上，体现了剥削阶级维护自身统治地位的需要。这是它们的根本区别。

二、以人为本体现了立党为公、执政为民的本质要求

一切为了人民，一切依靠人民，是马克思主义政党最鲜明的政治立场。我们党领导人民进行改革开放和现代化建设的根本目的，是通过发展社会生产力，不断提高人民的物质文化生活水平，促进人的全面发展。坚持以人为本，与我们党提出的始终代表中国最广大人民的根本利益是完全一致的，与我们党全心全意为人民服务的宗旨和立党为公、执政为民的本质要求是完全一致的。

中国共产党作为以马克思主义为指导的工人阶级政党，作为中国工人阶级的先锋队以及中国人民和中华民族的先锋队，以实现共产主义为最高理想和最终目标，以全心全意为人民服务为根本宗旨，始终坚持人民的利益高于一切。中国共产党除了最广大人民的根本利益，没有自己的特殊利益。党的全部任务和责任，就是为了人民的利益而奋斗；党的全部工作的出发点和落脚点，

就是不断实现好、维护好、发展好最广大人民的根本利益；共产党人的一切言论行动，必须以符合最广大人民的根本利益、为最大人民群众所拥护为最高标准。坚持人民利益高于一切，坚持立党为公、执政为民，是中国共产党人坚定信守、不懈追求、努力实践的根本价值准则。

中国共产党人的奋斗历程，生动体现了马克思主义以人为本的精神。中国共产党从诞生起，就为人民利益不懈奋斗。抗日战争时期，毛泽东为纪念一位名叫张思德的普通战士发表了《为人民服务》的著名演讲，提出了全心全意为人民服务的思想，后来它成为中国共产党的宗旨。实行改革开放后，邓小平提出了把是否有利于提高人民生活水平作为判断是非得失的一个重要标准。他强调，制定一切方针政策的出发点和归宿，始终要看“人民拥护不拥护”、“人民赞成不赞成”、“人民高兴不高兴”、“人民答应不答应”。江泽民指出：“不断发展先进生产力和先进文化，归根到底都是为了满足人民群众日益增长的物质文化生活需要，不断实现最广大人民的根本利益。”胡锦涛强调，以人为本是科学发展观的本质和核心，坚持了马克思主义的核心价值观，体现了中国共产党的社会理想和根本宗旨，贯彻了立党为公、执政为民的本质要求，从而为实践党的宗旨指明了正确的方向。

如果说，在民主革命时期，坚持立党为公、执政为民，表现为中国共产党人为了民族独立和人民解放而舍生忘死、流血牺牲、前赴后继、苦战奋斗；那么，在成为执政党之后，在和平与发展成为时代主题的历史条件下，坚持立党为公、执政为民，就表现为始终坚持从人民群众的根本利益出发谋发展、促发展，不断实现好、维护好、发展好最广大人民的根本利益，切实保障人民群众的经济、政治、文化权益，落实和践行以人为本的理念。

经典言论

共产党人的一切言论行动，必须以合乎最广大人民群众的最大利益，为最广大人民群众所拥护为最高标准。

——毛泽东

中国共产党的含意或任务，如果用概括的语言来说，只有两句话：全心全意为人民服务，一切以人民利益作为每一个党员的最高准绳。

——邓小平

在任何时候任何情况下，与人民群众同呼吸共命运的立场不能变，全心全意为人民服务的宗旨不能忘，坚信人民群众是真正英雄的历史唯物主义观点不能丢。必须始终把体现人民群众意志和利益作为我们一切工作的出发点和归宿，始终把依靠人民群众的智慧和力量作为我们推进事业的根本工作路线。

——江泽民

我们党八十多年的一切奋斗，无论是战争年代浴血奋战推翻"三座大山"，无论是建立社会主义制度、开展大规模的社会主义建设，还是进行社会主义改革开放和现代化建设，归根到底都是为了实现好、维护好、发展好最广大人民的根本利益。

——胡锦涛

中国共产党坚持以人为本，全心全意为人民服务，涌现出一大批同人民保持血肉联系，对人民深怀赤子之心的优秀干部。孔繁森在西藏工作期间，把藏族人民

经典案例

毛泽东之"怕泪"

毛泽东曾对贺子珍说：我这个人平时不爱落泪，我听不得穷苦老百姓的哭声，看到他们流泪，我也忍不住要掉泪……

1948年5月，在东渡黄河后的一天，毛泽东乘坐吉普车，由城南庄去西柏坡，在村头的路边发现一个病危的八九岁的小女孩。那女孩子身上盖着一件破衣裳，身下铺着茅草，双眼紧闭，脸色蜡黄，鼻子里不时地往外流血，已经奄奄一息了。孩子的娘坐在地上，抚摸着孩子的小脑袋，悲痛地呼唤着孩子的名字。周围的人同情地看着这对母女，都没有什么好办法。这时，毛泽东急忙让司机周西林把车刹住，并第一个跳下车，大步走到孩子身边，蹲下来摸摸孩子的手和额头，询问孩子的病情，并让医生将仅剩的一支珍藏很久没舍得用的盘尼西林给生病的孩子用。孩子得救了，守在孩子身边的母亲呆呆地睁大了眼，泪水哗哗地往下流。忽然扑通一声跪倒在地，哭叫着："菩萨啊，救命的菩萨啊。"

见此情景，毛泽东两眼涌出泪花。他忙转身吩咐朱医生：你用后面那辆车送这母女回家吧。再观察一下，孩子没事了你再回来。

后来，每当谈到那个女孩和流泪的母亲，毛泽东眼圈总要泛红：也不知道那孩子现在怎么样了？把她带来治疗一段就好了……

当成自己的父母、兄弟和孩子，全心全意为西藏人民服务。郑培民认定自己"是人民培养的书记，当然应该亲民、爱民、为民"，始终把"做官先做人，万事民为先"作为自己的行为准则，勤政为民，淡泊名利。这些都生

动地体现了以人为本的情怀。

三、坚持发展为了人民、发展依靠人民、发展成果由人民共享

以人为本，最重要的是要落实在为人民谋利益上。中国共产党实践以人为本体现在方方面面。人们可以看到，在偏僻的山村，在矿山车间，在遇难职工家里，在非典疫区，在特大洪灾和特大地震灾区，党和国家领导人同人民群众同甘共苦、水乳交融；在解救遭受意外灾害的群众、解救海外被绑架的人质、解救和帮助生活困难群众的日日夜夜，中南海灯火通明，领导人彻夜难眠；为了使发展的成果惠及广大人民特别是困难群众，党和政府深入了解人民疾苦，充分反映人民意愿，坚决免除农业税，不断加大对农民的补助，解决拖欠农民工工资问题；增加对困难群体的生活补助，救济失业职工，帮助他们再就业。这些举措和行动都是以人为本的实践，都体现了发展为了人民、发展依靠人民、发展成果由人民共享的要求。

坚持以人为本，最重要的是要不断使人民群众得到更多的实惠，使全体人民朝着共同富裕的方向稳步前进。要顺应各族人民过上更好生活的新期待，着力解决人民群众最关心、最直接、最现实的利益问题，把发展的目的真正落实到满足人民需要、提高人民生活水平上。要把群众呼声作为第一信号，把群众需要作为第一

选择，把群众满意作为第一标准，急群众之所急，想群众之所想，办群众之所需，为群众诚心诚意办实事，尽心竭力解难事，坚持不懈做好事。

延伸阅读

近年一些突出的民生热点问题正逐步得到解决

随着积极就业政策的实施，国有企业下岗职工再就业问题得到基本解决，2008 年城镇新增就业人员 1 113 万人。

为了让所有孩子都能上得起学，从 2007 年开始，中国农村全部免除义务教育阶段的学杂费，1.5 亿名学生和 780 万个家庭经济困难寄宿生受益。2008 年秋季，所有城市地区也实行了义务教育免费。目前，我国 15 岁以上人口平均受教育年限达到 8.5 年，全民族科学文化素质得到很大提高。

加快建立覆盖城乡居民的社会保障体系。2008 年，全国城镇职工基本养老保险参保人数达到 21 890 万人，基本医疗保险参保人数达到 31 698 万人；在农村全面建立最低生活保障制度，2007 年，3 451.9 万农村居民被纳入保障范围。

党的十一届三中全会以来，我国改革开放取得了丰硕成果，人民群众的生活总体上达到小康水平。城乡居民收入稳步增长，人民物质生活质量不断提高，精神文化生活日益丰富多彩，各种权益依法得到保障，广大人民群众投身改革开放和现代化建设的积极性得到极大提高。

在整个改革开放和现代化建设过程中，一定要切实保障人民享有应该得到的、看得见的利益，而且随着经济社会的发展不断有所增加。要更加注重发展成果的普惠性，正确处理效率与公平的关系，统筹兼顾全体社会成员的利益，促进创造财富和公平分配的协调。

要正确处理不同群众之间的利益关系，全面把握和妥善解决来自各方面的利益诉求，把最广大人民群众的根本利益实现好、维护好、发展好，把各方面的积极性引导好、保护好、发挥好，使全体人民各尽所能、各得其所、和谐相处。既要尊重和满足每个人的合理利益诉求，又要致力于发展、维护公共利益，在发展、维护公共利益的过程中实现个人合理的利益；既要照顾到人民群众的眼前利益，又要坚定不移地领导人民群众为实现其长远利益而奋斗；要通过进一步完善分配制度、理顺分配关系、规范分配秩序，制定合理的社会政策，加大收入分配调节力度，着力提高低收入者收入水平，逐步扩大中等收入者比重，减少低收入和贫困群体，努力缓解部分社会成员收入差距扩大的趋势，使全体人民共同享有发展的成果。

四、把促进经济社会发展与促进人的全面发展统一起来

以人为本是以实现人的全面发展为目标的。满足人的多层次需要，提高人的整体素质，促进人的自由全面发展，是社会发展的根本取向和最高价值。

马克思主义深入研究人类社会发展的客观规律，指出共产主义社会是人类社会未来发展的必然趋势。在共

产主义社会，生产力将高度发达、物质财富源泉充分涌流，它“将给所有的人提供健康而有益的工作，给所有的人提供充裕的物质生活和闲暇时间，给所有的人提供真正的充分的自由”。每一个人都得到发展，而不是一些人得到发展，另一些人得不到发展；每一个人都作为完善的个人而占有自己的全面的本质，而不是片面地发展；每个人都获得作为目的的自觉、自愿、自主的发展，而不是作为单纯的手段而被动地发展。

马克思主义认为，人的全面发展不是等到共产主义到来突然实现的，而是一个长期积累的过程。建设社会主义的过程，就是逐步实现人的全面发展的过程。经济增长是人的全面发展的物质基础，人的全面发展是经济增长的目的和根本动力。要在经济社会发展的基础上，

延伸阅读

马克思关于人的全面发展的思想

马克思认为，与社会发展一样，人的发展是一个由片面发展到全面发展的永无止境的进程。在人的发展的第一个阶段即前资本主义阶段，人的依赖关系占统治地位。封闭的自然经济把人局限在狭窄的天地里，个人没有独立性。第二阶段是以物的依赖关系为基础的人的独立性阶段，即资本主义阶段。人虽然是具有独立性的个体，但无法摆脱商品货币关系的支配。第三个阶段即共产主义社会，生产力高度发展，社会产品极大丰富，消灭了私有制和旧式社会分工，人们有了充分的自由发展的时间和空间，这时才能真正实现人的全面而自由的发展。

不断提高人的素质，发展人的能力，实现人的价值，促进人更加全面地发展。

实现人的全面发展，受到生产力发展水平和社会现实条件的制约，不能超越经济社会发展阶段。只有随着社会财富的不断增加和社会文明的持续进步，人民群众的需要才能日益充分地得到满足，人的全面发展才能日益充分地得到实现。要把促进人的全面发展作为最终目的，既着眼于人民现实的物质文化生活需要，又着眼于促进人民素质的提高，把促进人的全面发展落实到经济社会发展的全过程，贯穿到各项工作中去。要做好长期艰苦奋斗的思想准备，老老实实地艰苦创业，踏踏实实地艰苦奋斗，从具体事情做起，努力推进经济社会全面进步，促进人的全面发展。

思考题

1. 以人为本的内涵和实质是什么？

2. 以人为本同中国古代的民本思想和西方的人本主义有什么本质区别？

3. 怎样才能做到以人为本？

4. 以人为本怎样发展了马克思关于人的全面发展思想？

美丽的地球，
人类的家园。
她是宇宙的骄子，
在浩瀚的太空中晶莹璀璨。

我们惊叹自然的神奇，
我们赞美人类文明的灿烂。
但我们不要盲目乐观，
当时代的列车飞驰之时，
可曾考虑过留给子孙多少数额的欠单？

片面的发展理念导致经济疯长，
吞噬着有限的宝贵资源。
全面协调可持续发展，
为我们扬起理想的风帆。

我们不要一味追求 GDP，
不要只梦着金山银山。
我们要永远的蓝天白云，
我们要永远的绿水青山。

第四章 科学发展观基本要求是全面协调可持续

党的十七大报告强调，科学发展观基本要求是全面协调可持续。这是从全局高度把握中国特色社会主义事业的重要体现，反映了我们党对现代化建设规律的深刻认识，揭示了把科学发展观贯彻到各个方面的切入点。

一、全面协调可持续发展的丰富内涵和重大意义

马克思曾指出："社会化的人，联合起来的生产者，将合理地调节他们和自然之间的物质变换，把它置于他们的共同控制之下，而不让它作为一种盲目的力量来统治自己；靠消耗最小的力量，在最无愧于和最适合于他们的人类本性的条件下来进行这种物质变换。"全面协调可持续发展的基本要求，坚持了马克思主义关于人类社会协调发展的基本观点，体现了合理地协调经济社会发展各个方面的关系的要求，指明了我国经济社会发展的正确道路和方向。

延伸阅读

我国古代生态保护思想

春三月，山林不登斧，以成草木之长；夏三月，川泽不入网罟，以成鱼鳖之长。

——《逸周书·大聚》

江海虽广，池泽虽博，鱼鳖虽多，网罟必有正，船网不可一财而成也。

——《管子·八观》

竭泽而渔，岂不获得？而明年无鱼。焚薮而田，岂不获得？而明年无兽。

——《吕氏春秋·义赏》

“全面协调可持续发展”的内涵十分丰富。全面发展，是指发展要有全面性、整体性，不仅经济发展，而且各个方面都要发展，要以经济建设为中心，全面推进经济建设、政治建设、文化建设和社会建设，实现经济发展和社会全面进步。协调发展，是指发展要有协调性、均衡性，要统筹城乡发展、统筹区域发展、统筹经济社会发展、统筹人与自然和谐发展、统筹国内发展和对外开放，推进生产力和生产关系、经济基础和上层建筑相协调，使经济社会发展各个方面、各个环节相互适应、相互促进。可持续发展，是指发展要有持久性、连续性，不仅当前要发展，而且要保证长远发展，实现经济发展和人口、资源、环境相协调，坚持走生产发展、生活富裕、生态良好的文明发展道路，保证一代接一代地永续发展。

全球可持续发展五大要点

党的十七大把全面协调可持续作为科学发展观的基本要求来强调，反映了现阶段我国经济社会发展的客观要求：一方面，经过长期发展，我们积累了较为雄厚的物质技术基础，可以在推进全面协调可持续发展上有更大作为；另一方面，城乡区域发展不平衡、经济社会发展不协调、经济发展与人口资源环境不适应等问题更加突出地摆在了我们面前。坚持全面协调可持续发展，明确了解决城乡、区域、经济社会、人与自然发展不平衡、不协调、不适应问题的新思路。按照全面协调可持续发展的基本要求推进发展，才能更好化解制约我国发展的各种因素，更好推动我国发展进程，确保实现我国发展的战略目标。

二、按照中国特色社会主义事业总体布局全面推进各项建设

中国特色社会主义事业，包括经济建设、政治建设、文化建设和社会建设各个方面。这些方面不是分割的，而是一个有机统一的整体。这个整体就是中国特色社会主义事业“四位一体”的总体布局。

四位一体总体布局，是深刻总结社会主义建设的历史经验提出来的。早在新中国成立前，毛泽东就提出，我们不但要建设一个政治上自由和经济上繁荣的中国，而且要建设一个文明先进的中国。新中国成立以后，我们党对社会主义建设道路进行了艰辛探索，在实

践的基础上，提出了建设现代工业、现代农业和优化我国工业布局的思想，后来又提出要实现工业、农业、国防、科学技术四个现代化。改革开放后，我们党在探索中形成了关于社会主义建设布局的一系列新认识。十二届六中全会提出了社会主义现代化建设的总体布局，十三大确立了党在社会主义初级阶段的基本路线，十四大提出建立社会主义市场经济体制，十五大明确了建设中国特色社会主义经济、政治、文化的基本目标和基本政策，十六大提出要使经济更加发展、民主更加健全、科教更加进步、文化更加繁荣、社会更加和谐、人民生活更加殷实，推动社会全面进步和促进人的全面发展。十六届四中全会提出构建社会主义和谐社会的重大任务，更加明确地使经济、政治、文化建设三位一体的总体布局，发展为经济、政治、文化和社会建设四位一体的总体布局，进一步深化了对社会主义现代化建设战略任务和方针政策的认识。

和谐

按照四位一体总体布局，全面推进中国特色社会主义事业，就是要全面推进经济建设、政治建设、文化建设、社会建设，促进生产力与生产关系、经济基础与上层建筑相互协调，促进社会主义物质文明、政治文明、精神文明建设与和谐社会建设共同发展。

经济建设是中国特色社会主义建设的中心任务，经济发展是政治文明、文化繁荣、社会进步的物质基础。必须牢牢抓住经济建设这个中心，坚持聚精会神搞建设、一心一意谋发展，不断解放和发展社会生产力。更好地实施科教兴国战略、人才强国战略、可持续发展战略，着力把握发展规律、创新发展理念、转变发展方式、破解发展难题，提高发展质量和效益。增强发展协调性，努力实现经济又好又快发展。

政治建设为经济建设、文化建设、社会建设提供政治保障。没有政治建设，就不可能充分调动人民群众的积极性、主动性、创造性，

相关链接

2020 年之前我国经济建设的目标

- 增强发展协调性，努力实现经济又好又快发展。
- 转变发展方式取得重大进展，在优化结构、提高效益、降低消耗、保护环境的基础上，实现人均国内生产总值到 2020 年比 2000 年翻两番。
- 社会主义市场经济体制更加完善。
- 自主创新能力显著提高，科技进步对经济增长的贡献率大幅上升，进入创新型国家行列。
- 居民消费率稳步提高，形成消费、投资、出口协调拉动的增长格局。
- 城乡、区域协调互动发展机制和主体功能区布局基本形成。
- 社会主义新农村建设取得重大进展。
- 城镇人口比重明显增加。

就没有一个以健全法制为保障的发展环境，其他建设就不可能顺利进行。必须坚持中国特色社会主义政治发展道路，坚持党的领导、人民当家做主、依法治国有机统一，坚持和完善人民代表大会制度、中国共产党领导的多党合作和政治协商制度、民族区域自治制度以及基层群众自治制度，扩大社会主义民主，建设社会主义法治国家，深化政治体制改革，不断推进社会主义政治制度自我完善和发展。

> **相关链接**
>
> **2020 年之前我国政治建设的目标**
>
> - 扩大社会主义民主，更好保障人民权益和社会公平正义。
> - 公民政治参与有序扩大。
> - 依法治国基本方略深入落实，全社会法制观念进一步增强，法治政府建设取得新成效。
> - 基层民主制度更加完善。
> - 政府提供基本公共服务能力显著增强。

文化建设为经济建设、政治建设、社会建设提供思想保证和智力支持。没有文化建设，就没有共同的理想信念和道德规范，就不能形成昂扬向上、开拓进取的主流精神，其他建设就没有必不可少的精神支撑。必须坚持马克思主义在意识形态领域的指导地位，用科学发展观统领社会主义文化建设，坚持发展面向现代化、面向世界、面向未来的，民族的科学的大众的社会主义先进文化，坚持贴近实际、贴近生活、贴近群众，着力建设社会主义核心价值体系，着力巩固壮大主流思想舆论，着力推进

> **相关链接**
>
> **2020 年之前我国文化建设的目标**
>
> - 加强文化建设，明显提高全民族文明素质。
> - 社会主义核心价值体系深入人心，良好思想道德风尚进一步弘扬。
> - 覆盖全社会的公共文化服务体系基本建立，文化产业占国民经济比重明显提高、国际竞争力显著增强，适应人民需要的文化产品更加丰富。

相关链接

2020年之前我国社会建设的目标

- 加快发展社会事业，全面改善人民生活。
- 现代国民教育体系更加完善，终身教育体系基本形成，全民受教育程度和创新人才培养水平明显提高。
- 社会就业更加充分。
- 覆盖城乡居民的社会保障体系基本建立，人人享有基本生活保障。
- 合理有序的收入分配格局基本形成，中等收入者占多数，绝对贫困现象基本消除。
- 人人享有基本医疗卫生服务。
- 社会管理体系更加健全。

内容形式、方法手段、体制机制改革创新，推动社会主义文化大发展大繁荣，兴起社会主义文化建设新高潮。

社会建设为经济建设、政治建设、文化建设提供有利的社会条件。没有社会建设，就不能形成促进其他建设的良好社会环境。必须在经济发展的基础上，加快推进以改善民生为重点的社会建设，促进社会公平正义，完善社会管理，激发社会创造活力，促进社会更加和谐，努力使全体人民学有所教、劳有所得、病有所医、老有所养、住有所居。

三、坚持生产发展、生活富裕、生态良好的文明发展道路

坚持全面协调可持续发展的基本要求，贯彻落实科学发展观，就必然要坚持生产发展、生活富裕、生态良好的文明发展道路。

文明发展道路是生产、生活、生态有机统一、良性互动的正确发展道路。生产发展是基础。离开生产发展，社会进步就失去前提，生活富裕也不可能实现。

生活富裕是目的。不提高人民的生活水平，使全体社会成员共享发展成果，人类文明就不能不断进步。生态良好是应有之义。优良的生态环境，可持续的发展方式，人与自然的和谐，是人类文明持久永续发展的必然要求。

坚持文明发展道路，是根据我国国情作出的正确抉择。我国人口众多，人均资源占有量少，人均水资源占有量仅为世界平均水平的1/4，人均耕地不到世界平均水平的1/2，矿产资源人均占有量只有世界平均水平的1/2，总体上资源紧缺是我国的一个基本国情。改革开放以来，我国经济社会发展取得了举世瞩目的成就，但由于经济增长过度依赖资源消耗的传统发展模式，一些地区的发展以牺牲环境为代价，造成了比较严重的环境污染和生态破坏。发达国家上百年工业化过程中分阶段出现的环境问题，在我国已经集中出现。特别是随着我国工业化、信息化、城镇化、市场化、国际化深入发展和人口不断增加，能源、水、土地、矿产等资源不足的问题越来越突出。坚持文明发展道路，是应对资源环境问题、实现可持续发展的必然要求，是关系到中华民族生存和长远发展的根本大计。

走文明发展道路，就要在经济社会发展过程中，把推进生产发展、实现生活富裕、保持生态良好有机统一起来，坚持以生产发展为基础，以生活富裕为目的，以生态良好为条件，努力实现社会经济系统和自然生态系统的良性循环。

相关链接

我国严峻的生态形势

我国人均森林面积和蓄积分别为世界的1/5和1/8，森林覆盖率居世界第130位；沙化土地面积为173.97万平方公里，占国土面积的18.12%；水土流失土地的总面积已达356万平方公里，占国土面积的37.1%；平均每年农田受旱面积近4亿亩，受涝耕地面积1.5亿亩，损失粮食100亿公斤左右。全国600多个城市中有2/3供水不足，其中1/6的城市严重缺水，全国尚有6亿农村人口喝不上符合标准的饮用水。生态恶化已成为我国经济社会可持续发展的最大制约因素之一。

走文明发展道路，要把建设生态文明放在重要位置。建设生态文明是对传统文明形态特别是工业文明进行深刻反思形成的认识成果，也是在建设物质文明过程中保护和改善生态环境的实践成果。自然界是包括人类在内的一切生物的摇篮，是人类赖以生存和发展的基本条件。人类历史经验表明，生态兴则文明兴，生态衰则文明衰。辉煌的中华文明与长江、黄河流域的生态状况息息相关，而印度河流域的宜居环境则塑造了古印度文明。人们也不会忘记，曾经盛极一时的古埃及文明、古巴比伦文明、古玛雅文明等所以由繁荣走向衰败，很大程度上是因为这些地区人与自然的矛盾日益尖锐，导致生态破坏和环境恶化，使得文明淹没在历史的尘埃中。前车之鉴，要时刻牢记。

党的十七大第一次提出了建设生态文明的任务。要坚持以资源环境承载力为基础、以自然规律为准则、以可持续发展为目标，建设资源节约型、环境友好型社会。正确处理经济建设、人口增长与资源利用、生态环境保护的关系，形成节约能源资源和保护生态环境的产业结构、增长方式、消费模式，努力建设生态良好的国家，让天更蓝、水更清，给子孙后代留下蓝天白云、绿水青山，实现经济社会永续发展。要在全社会特别是在广大青少年中进行保护生态环境、建设生态文明的教育，使生态文明的观念在全社会牢固树立。

思考题

1. 用自己的话解释全面协调可持续发展的含义。
2. 什么是中国特色社会主义总体布局？
3. 什么是文明发展道路？
4. 为什么要建设生态文明？

东西南北中，
全国棋一盘。
统筹兼顾巧布局，
恢宏乐章十指弹。

我们要让沿海的甘霖浸润西部的沙漠，
要使城市的虹霓燃亮乡村的灯盏。
我们的生活不只是数据的攀升，
和谐的音符荡漾在四方八面。

绿水青山是大地四季的风景，
明媚的阳光照耀每一张笑脸。

第五章 科学发展观根本方法是统筹兼顾

统筹兼顾是一种方法，是解决经济社会问题的重要方法。关于什么是方法，毛泽东曾有一个很形象的解释，他说，人过河需要有桥，方法就好比是过河的桥。只有掌握了方法，我们才能正确地解决问题。统筹兼顾是辩证唯物主义世界观和方法论的体现和运用。统筹，就是要从整体上把握事物；兼顾，就是要处理好事物各个方面的关系。科学发展观把统筹兼顾作为促进经济社会发展的根本方法，深刻揭示了实现科学发展、促进社会和谐的基本途径。

一、统筹兼顾是社会主义建设的重要经验

统筹兼顾，是中国共产党在社会主义建设中形成的一条重要经验。1956 年，毛泽东在《论十大关系》中指出："我们的方针就是统筹兼顾，各得其所。""我们作计划，办事，想问题，都要从我国六亿人口出发。""调动一切积极因素，团结一切可以团结的人，并且尽可能地将消极因素转变为积极因素，为建设社会主义这个伟大事业服务。"邓小平提出，改革开放和现代化建设"各个方面需要综合平衡，不能单打一"，要按照统筹兼顾的原则来调节各种利益的相互关系。江泽民强调："我们所有的政策措施和工作，都应该正确反映并有利于妥善处理各种利益关系，都应认真考虑和兼顾不同阶层、不同方面群众的利益。"要处理好改革、发展、稳定的关系，促进经济社会协调发展。胡锦涛提出，要统筹城乡发展、统筹区域发展、统筹经济社会发展、统筹人与自然和谐发展、统筹国内发展和对外开放，使各个方面的发展相适应相协调。党的十七大把统筹兼顾作为科学发展观的根本方法，使统筹兼顾成为科学发展观的重要内容。

统筹兼顾的思想深刻揭示了社会主义建设的内在规律，是解决我国经济社会发展中突出问题的重要方针。当前，我国经济社会发展已经站在一个新的历史起点

上，在取得巨大的发展成就、奠定坚实的发展基础的同时，也积累了不少矛盾，特别是经济社会的协调发展面临很多问题。城乡差距、地区差距、就业和社会保障的压力增大，教育卫生文化等事业发展滞后，人口增长、经济发展同生态环境、自然资源的矛盾加剧，加之国际经济波动对国内经济的影响日益明显，发展不平衡现象日益突出。

胡锦涛指出：在我国改革发展的关键阶段，“我们要推动科学发展、促进社会和谐，必须更加自觉地运用统筹兼顾的根本方法，正确反映和兼顾不同方面的利益”。处理好经济发展和社会发展、城乡发展、区域发展的关系，处理好物质文明建设、政治文明建设、精神文明建设与和谐社会建设的关系，处理好国内发展与对外开放的关系，团结和带领全国人民朝着共同富裕的方向稳步前进。这一切，都离不开坚持和运用统筹兼顾的根本方法，离不开坚持经济社会的协调发展。只有真正做到统筹兼顾，才能把各方面的积极性充分发挥出来，更好地推进党和国家事业的发展。

二、正确认识和妥善处理现代化建设中的重大关系

坚持统筹兼顾的根本方法，关键是要正确认识和妥善处理涉及经济社会发展的重大关系，实现经济社会各构成要素的良性互动和协调发展。

一是要统筹城乡发展，努力实现城乡共同繁荣。

农业丰则基础强，农民富则国家盛，农村稳则社会安。农业、农村、农民问题，是关系中国发展的关键问题。我们党领导革命、建设、改革取得的伟大成就，都是同高度重视解决“三农”问题密不可分的。我国大部分人口生活在农村。全面建设小康社会，最艰巨最繁重的任务在农村。目前，我国城镇化率刚超过40%，即使将来城镇化率达到60%甚至更高，也还有好几亿人口生活在农村。没有农民的小康就没有全国人民的小康，没有农村的现代化就没有国家的现代化。农村建设和发展始终是一个无法回避的重大现实问题。

党的十六大以后，党中央采取了一系列重大政策措施，连续发出关于“三农”问题的七个中央“一号文件”，推出一系列支农惠农政策，扶

相关链接

农业税条例废止

2005年12月29日，第十届全国人大常委会第十九次会议通过《关于废止中华人民共和国农业税条例的决定》，新中国实施了近50年的农业税条例被依法废止，一个在我国延续两千多年的税种宣告终结。自2004年开始，国务院就实行了减征或免征农业税的惠农政策。2005年岁末，国家最高权力机关依法废止农业税条例，使免除农业税的惠农政策以法律形式固定下来，9亿中国农民彻底告别了缴纳农业税的历史。废止农业税条例，使解决“三农”问题步入了一个新的历史起点。

关键词

“三农”问题 三农问题即农民、农村、农业问题。党中央于2003年正式将“三农问题”写入工作报告，成为我国政府需要解决的首要问题。

持农业和农村发展、促进农民增收，从2006年起在全国范围内全部免征农业税、牧业税和除烟叶外的农业特产税。中央一系列政策的贯彻落实，使农业得到加强、农村得到发展、农民得到实惠。

相关链接

改革开放30年中国农村发展取得了巨大成就

- 中国粮食总产量由1978年前的6 000多亿斤增加到2008年的10 570亿斤；
- 中国农民年人均纯收入由1978年的134元增加到2008年的4 761元；
- 中国农村绝对贫困人口由1978年的2.5亿人减少到2007年的1 479万人。

所谓统筹城乡发展，就是指要站在国民经济和社会发展全局的高度，把城市和农村的经济社会发展作为整体来统一筹划，通盘考虑；把城市和农村存在的问题及其相互关系综合加以研究，统筹解决，实现城乡良性互动。统筹城乡发展的实质，是以改变城乡二元结构为目的，建立起社会主义市场经济体制下的平等、和谐、协调发展的工农关系和城乡关系，实现**城乡经济社会一体化**。要按照城乡经济社会发展一体化新格局的要求，贯彻工业反哺农业、城市支持农村的方针，正确处理工业和农业、城市和农村、城镇居民和农民的关系，加大

关键词

城乡经济社会一体化 就是要把工业与农业、城市与乡村、城镇居民与农村居民作为一个整体，统筹谋划、综合研究，通过体制改革和政策调整，促进城乡在规划建设、产业发展、市场信息、政策措施、生态环境保护、社会事业发展的一体化，改变长期形成的城乡二元经济结构，实现城乡在政策上的平等、产业发展上的互补、国民待遇上的一致，让农民享受到与城镇居民同样的文明和实惠，使整个城乡经济社会全面、协调、可持续发展。

以工促农、以城带乡的力度，使稳妥推进城镇化和扎实推进社会主义新农村建设成为我国现代化进程的双轮驱动，逐步解决城乡二元结构矛盾，努力实现城乡共同繁荣。

二是要统筹区域发展，逐步形成东中西部相互促进、优势互补、共同发展的新格局。

我国是一个幅员辽阔的国家，客观上存在着东、中、西部等发展区域。新中国成立后的前30年，我国基本上实行各区域“平衡发展”的战略。实践证明，在我国这样地域广阔、人口众多、国情复杂的国家，通过同步发展实现共同富裕是不可能的。因此，在改革开放之初，邓小平就提出了“两个大局”的思想，就是：支持沿海发达地区利用有利条件先发展起来；到一定时期后，发展起来的地区支援落后地区，先富带后富，最终实现共同富裕。我国的改革开放正是这样由沿海向内地逐步推进的。改革开放30年的发展表明，这个战略是成功的，有力推动了我国经济社会的快速发展。

经过30年的改革开放，无论东部，还是中部和西部，经济社会

相关链接

我国区域间发展差距拉大

目前，我国区域间发展差距拉大的趋势仍未根本改变。据统计，从2000—2006年，东部地区的江苏、山东、广东三省的地区生产总值分别从8 554亿元、8 338亿元、10 741亿元增长到21 548亿元、21 847亿元、25 969亿元；而西部的青海、宁夏两省区分别从264亿元、295亿元增长到641亿元、707亿元。虽然发展都是很快的，但差距也是明显的。2005年，东部比较发达的长江三角洲、珠江三角洲和京津冀地区集中了全国地区生产总值的36%，而人口却只占全国人口的15%；西部地区生产总值占全国地区生产总值的17.1%，人口却占全国人口的28%。

发展都取得了巨大的成绩，人民的生活水平都有极大的改善。但各区域发展不平衡、不协调的问题也很突出，区域之间人均国内生产总值差距扩大，各地区人民享有公共服务水平的差距也在扩大。如果这种情况继续发展下去，社会的和谐、政治的稳定、经济的可持续发展都难以得到保障，全面建设小康社会的历史使命也难以完成。逐步扭转地区差距扩大的趋势，促进区域协调发展，不仅是重大的经济问题，也是重大的政治问题；不仅关系现代化建设的全局，也关系社会稳定和国家的长治久安。

根据目前我国区域发展的实际情况和全面推进现代化建设的要求，中央明确指出，促进地区协调发展的战略布局是："坚持推进西部大开发，振兴东北地区等老工业基地，促进中部地区崛起，鼓励东部地区加快发展，形成东中西互动、优势互补、相互促进、共同发展的新格局。"

统筹区域发展，就是要继续推进国家区域发展总体战略，发挥各个地区的优势和积极性，引导生产要素跨区域合理流动和产业合理布局。加强国土规划，推动形成主体功能区；完善区域政策，注重实现基本公共服务均等化；加大国家对欠发达地区财政转移支付力度，大

关键词

公共服务均等化　公共服务均等化是公共财政的基本目标之一，是指政府要为社会公众提供基本的、在不同阶段具有不同标准的、最终大致均等的公共物品和公共服务。

力扶持革命老区、民族地区、边疆地区、贫困地区经济社会发展，逐步形成东中西部相互促进、优势互补、共同发展的新格局。

三是要统筹经济社会发展，实现经济发展与社会进步的有机统一。

经济发展和社会事业发展，都是发展的重要内容。经济发展是一切发展的基础，但如果社会事业发展滞后，经济发展也难以持续。改革开放以来，我们党始终坚持以经济建设为中心，经济发展取得了巨大成就，社会事业发展也取得了大幅度进步。但是，从总体上看，经济发展和社会事业的发展存在着“一条腿长，一条腿短”的问题。公共教育体系、公共卫生体系、文化事业体系以及社会救助体系、社会保障体系、社会危机处理体系等发展比较滞后。实现全面建设小康社会的宏伟目标，理所当然地要加快这些方面的发展。

统筹经济社会发展，就是要在大力推进经济发展的同时，更注重加快社会发展，增大投入、深化改革、完善政策，调动企业和社会各方面的积极性，保障人民群众安居乐业，促进社会各项事业全面发展。进一步发挥政府在促进就业、调节分配、完善社会保障、实现社会公平等方面的作用，加快科技、教育、文化、卫生、体育、社会保障、社会管理等社会事业发展，实现经济发展与社会进步的有机统一。

四是要统筹人与自然和谐发展，促进可持续发展。

我国人口众多，资源相对不足，生态环境承载能力弱，这是基本国情。随着经济快速增长和人口不断增加，能源、水、土地、矿产资源不足的矛盾越来越尖锐，生态环境的形势十分严峻，统筹人与自然和谐发展，增强可持续发展能力，是全面建设小康社会的重要目标之一，也是关系中华民族生存与长远发展的根本大计。

统筹人与自然和谐发展，就是要高度重视资源和生态环境问题，处理好经济建设、人口增长与资源利用、生态环境保护的关系，增强可持续发展的能力，推动整个社会走上生产发展、生活富裕、生态良好的文明发展道路。必须坚持计划生育、保护环境和保护资源的基本国策；坚持经济社会发展与环境保护、生态建设相统一；坚持资源开发与节约并举；坚持统筹规划，有步骤地进行环境治理和建设；坚持依靠科技进步推进环境保护和治理，依法保护环境和生态；坚持深化改革，创新机制，从体制和机制上促进可持续发展。

五是要统筹国内发展和对外开放，实现国内改革发展和对外开放相协调。

对外开放是我国的一项基本国策，必须长期坚持，毫不动摇。2001 年 11 月，世界贸易组织第四届部长级会议以全体协商一致的方式，审议并最终通过了中国加入世界贸易组织的法律文件。从 2001 年 12 月 11 日起，中国正式成为世界贸易组织第 143 个成员国。中国加入世界贸易组织，标志着中国的对外开放进入到融入经济全球化的新阶段。

延伸阅读

30年来我国对外经济合作与交往发生巨大变化

1978年，我国进出口总额只有206亿美元，2007年超过2.17万亿美元，增加了100倍，占全球的比重由不足1%上升到约8%，由当时的第32位上升到今天的世界第3位。

1978年，我国的外汇储备只有1.67亿美元，到2008年6月已超过1.8万亿美元，增加了1万多倍，居世界第1位。

1978年至2007年底，我国累计实际使用外资超过7 800亿美元，长期居于发展中国家的第1位。

我国国内生产总值占全球的比重由1978年的1.8%上升到2007年的6%以上。

我国经济对世界经济增长的贡献率超过10%，对国际贸易增长的贡献率超过12%。

随着我国加入世贸组织，改革开放不断推进，我国经济与世界经济的联系和相互影响日益加深，国内市场和国际市场联系日益紧密。我国对外开放面临更加复杂的国际环境。在这种情况下，我们必须适应经济全球化深入发展和我国加入世界贸易组织的新形势，在更大范围、更广领域、更高层次上参与国际经济技术合作和竞争，提高对外开放水平。

统筹国内发展与对外开放，就是要善于从国际形势发展变化中把握发展机遇、应对风险挑战，统筹利用好国内国际两个市场、两种资源，统筹把握好国内产业发展和国际产业分工的机遇，统筹处理好不断完善我国社会主义市场经济体制和参与制定国际经济贸易规则的关系，善于运用我国的综合优势，为我国现代化拓展更加广阔的市场空间和提供持久可靠的资源保障。要树立全球战略意识，实施“互利共赢”的开放战略，着力转变对外贸易增长方式，趋利避害，扬长避短，使对外开放更好地促进国内改革发展。

正确认识和妥善处理现代化建设中的重大关系，还要认真考虑和对待各方面的发展需要，正确反映和兼顾各阶层各群体的利益要求，充分调动全社会全民族的发展积极性、主动性、创造性，为推进党和国家事业形成广泛共识、集聚强大力量。要统筹中央和地方关系，善于发挥中央和地方两个积极性，既坚持全国一盘棋，保证中央政令畅通、令行禁止，又支持地方因地制宜，创造性地开展工作。统筹个人利益和集体利益、局部利益和整体利益、当前利益和长远利益，正确处理最广大人民的根本利益、现阶段群众的共同利益和不同群体的特殊利益的关系，善于兼顾和统筹不同方面的利益要求。遵循国防建设与经济建设协调发展的方针，在国家经济实力不断增强的基础上，逐步增加国防投入，不断提高国防和军队现代化水平，在全面建设小康社会进程中实现富国和强军的统一。统筹国内国际两个大局，高举和平、发展、合作的旗帜，始终不渝奉行独立自主的和平外交政策，始终不渝走和平发展道路，始终不渝实行互利共赢的开放战略，通过维护世界和平发展自己，又通过自身发展维护世界和平，为推动建设和谐世界作出新的贡献。

三、掌握统筹兼顾的科学思想方法

统筹兼顾作为科学发展观的根本方法，深刻反映了马克思主义关于发展的世界观和方法论，是辩证唯物主义思想方法的具体运用，是我们学习科学发展观必须把握的精髓和关键。深刻领会科学发展观，就要掌握统筹兼顾的科学思想方法，努力提高辩证思维能力。

一要树立全面的观念。就是看问题不能只看局部、只看一个方面，而应该从全局来看、从整体来看。比如，全国各族人民正在推进的中国特色社会主义伟大事业，就要看到，它是包括经济建设、政治建设、文化建设、社会建设和党的建设的统一整体，它的各个方面是相互联系、相互促进的，要全面把握、全面推进。要坚持以经济建设为中心，同时全面促进各个方面的发展。

二要树立发展的观念。就是要看到社会发展是一个持续不断地推进的过程，我们考虑问题必须立足当前、着眼长远。要把当前发展和长远发展联系起来，既考虑现在发展需要，又考虑未来发展需要；既抓紧解决当前的突出矛盾和问题，又为未来发展留下广阔的空间和有利的条件，防止急功近利的短期行为，努力实现经济与社会、人与自然的协调发展，保证有利于中华民族的永续发展。

三要树立抓重点的观念。就是看问题、抓学习、抓工作都要有重点，善于抓重点。党和国家各项事业也一样，推进任何工作都要抓住重点，善于抓住和解决牵动全局的重点工作、事关长远的重大问题，把工作的着力点真正放到解决薄弱环节上，放到解决突出问题上，通过重点突破，带动全局发展。比如当前的经济政策就要向农业、农村、农民倾斜，向西部大开发、加快中西部地区发展和振兴东北地区等老工业基地倾斜，向科技、教育、卫生等社会事业倾斜，向生态环境保护倾斜。

四要树立综合平衡的观念。就是做任何事情，都要兼顾各方，综合平衡，不能顾此失彼。实践表明，像我国这样一个大国的经济社会发展，既不是毫无波折的平衡增长过程，也不是一边倒的绝对非均衡增长过程。我国地域广阔，人口众多，不同的地域、群体、行业和领域的发展起点、资源条件和自然环境以及资金、人力、知识等方面条件不同，因此不平衡发展是必然的。要坚持因地制宜、因人制宜、因时制宜，不能强求一律，搞齐步走、一刀切。要正确认识差异，善于把握各方有利条件，使各个方面的发展要求得到兼顾。

思考题

1. 掌握统筹兼顾根本方法有什么重要意义？
2. 怎样才能做到统筹兼顾？
3. 怎样掌握统筹兼顾的科学思想方法？

再过四十年，
是新中国的百岁华诞。
那时的祖国更加强大，
多姿多彩的幸福生活展现在眼前。

那时的你们宏图大展，
祖国大厦是你们亲手营建。
这是多么崇高而神圣的事业，
人生还有什么比这更幸福、更灿烂？

可你们的担子并不轻，
还要有知识的积累和实践的才干。
趁着年轻发奋学习吧，
为了中华民族复兴的明天！

第六章 用科学发展观武装头脑、指导行动

科学发展观是马克思主义关于发展的世界观和方法论的集中体现，是我国经济社会发展的重要指导方针，也是青少年健康成长的根本指针。

学习科学发展观，是青少年健康成长成才的内在要求。青少年时期，是人生成长的重要阶段，也是世界观、人生观、价值观形成最为关键的阶段，面临着成为什么样的人以及怎样成长成才的重大问题。学习科学发展观，可以帮助我们正确认识我国的基本国情和发展的阶段性特征，正确认识世界发展的趋势和我国经济社会面临的形势，正确认识党和国家的重大方针政策，正确认识中国特色社会主义的发展理念、发展方法以及发展目的、发展动力、发展战略、发展布局、发展道路，有利于我们更好地把个人的理想同国家、民族的奋斗目标统一起来，把自己的人生追求同人民的事业结合起来，在建设中国特色社会主义伟大事业中找准自己的位置，

使个人的成长与时代同步伐、与祖国共命运、与人民齐奋斗，在服务祖国和人民中实现自己的人生理想。

青少年学习科学发展观，要着重学习领会科学发展观的科学内涵、精神实质和根本要求，学习掌握科学发展观所体现的马克思主义的世界观和方法论，学会用辩证的观点去观察社会、思考人生，牢固树立科学的世界观、人生观和价值观。

学习的目的在于应用、在于转化。青少年是祖国的未来和民族的希望，青少年成长历程与祖国的前进步伐紧紧相连。学习科学发展观，既要紧密联系今天的学习、工作和生活的实际，更要联系明天肩负的全面建设小康社会、加快推进社会主义现代化和实现中华民族伟大复兴的历史使命。要把学习的成效转化为对共产主义远大理想的不懈追求，转化为对中国特色社会主义共同理想的坚定信念，转化为报效祖国的强大动力，转化为发愤学习的自觉行动，要按照胡锦涛提出的要求，“努力成长为理想远大、信念坚定的新一代，品德高尚、意志顽强的新一代，视野开阔、知识丰富的新一代，开拓进取、艰苦创业的新一代”。

一、努力成为理想远大、信念坚定的新一代

理想信念是人的心灵世界的核心。有无理想信念，有什么样的理想信念，决定了人生是高尚充实，还是庸俗空虚。追求远大理想、坚定崇高信念，是青少年健康成长的精神支柱和前进动力。

理想信念是人们向往和追求的目标，是一个民族、一个社会奋力前行的向导，也是一个人健康成长、成就事业的前进动力。有了正确的理想信念，就会以惊人的毅力和不懈的努力，去创造人间的奇迹和成就事业的辉煌。近百年来，中华儿女之所以能前赴后继、战胜千难万险，取得革命、建设和改革的伟大胜利，就是因为他们胸怀着富国强民、振兴中华的崇高理想和坚定信念。青少年时代是美好人生的开端，有了远大的理想和崇高的信念，就能为生命的辉煌奠定坚实的基础。我们只有从小树立起崇高的理想

关键词

理想 理想是人类在改造客观世界和主观世界的实践活动中，既追求眼前的生产生活目标，又憧憬长远的生产生活目标的产物。对现状永不满足、对未来不懈追求，是理想的基本特征。

信念 信念是认识、情感和意志的统一体，是人们在一定的认识基础上确立的对某种思想或事物坚信不疑并身体力行的精神状态。信念是对理想的支持，是人们追求理想目标的强大动力。信念一旦形成，就会使人坚贞不渝、百折不挠地追求理想目标。

相关链接

振兴中华

"振兴中华"这一使中华儿女受到感奋和激励的口号，是中国民主革命的伟大先行者孙中山先生（1866—1925）最早提出来的。

此后，在反帝反封建的民主革命中，无数革命志士为"振兴中华"的口号所激励，抛头颅，洒热血，终于推翻了清王朝的统治，结束了中国两千多年的封建君主专制制度。

今天"振兴中华"的口号又鼓舞着中国人民为建设中国特色社会主义的伟大目标奋勇前进。

信念，才能在人生的惊涛骇浪中扬帆远航，做成一番轰轰烈烈的事业。

青少年是中国特色社会主义事业的接班人，青少年的理想信念要与中国特色社会主义事业的繁荣发展紧密相连。科学发展观是发展中国特色社会主义必须坚持和贯彻的重大战略思想，也为青少年树立正确的理想信念指明了努力方向。要想成为理想远大、信念坚定的新一代，就要按照科学发展观的要求，以社会主义核心价值体系为引领，牢固树立共产主义的远大理想，坚定中国特色社会主义的共同理想信念。

首先，青少年要牢固树立共产主义的远大理想。

共产主义理想反映了历史发展规律。共产主义理想，无论是在革命战争年代，还是在和平建设时期，都是鼓舞人民和推动革命与建设事业前进的巨大精神力

关键词

社会主义核心价值体系 社会主义核心价值体系是社会主义意识形态的本质体现，是全党全国各族人民团结奋斗的共同思想基础。它包括四个方面的基本内容，即马克思主义指导思想、中国特色社会主义共同理想、以爱国主义为核心的民族精神和以改革创新为核心的时代精神、以"八荣八耻"为主要内容的社会主义荣辱观。这四个方面的基本内容相互联系、相互贯通，共同构成辩证统一的有机整体。

经典言论

崇高理想，坚定信念，是凝聚人心、催人奋进的伟大旗帜，是战胜困难、赢得胜利的力量源泉。

——胡锦涛

量。我们党历来十分重视培养青少年的共产主义理想。邓小平指出，革命的理想，共产主义的品德，要从小开始培养。江泽民要求“要特别教育我们的下一代下两代，一定要树立共产主义的远大理想。一定不能让我们的青少年作资本主义腐朽思想的俘虏，那绝对不行”。胡锦涛强调：“要积极引导大学生追求更高的目标，使他们中的先进分子树立共产主义的远大理想，确立马克思主义的坚定信念。”青少年朋友们，理想信念上的坚定来自于理论上的坚定。马克思主义是科学的理想信念的思想理论基础。牢固树立共产主义的远大理想，首先要打好思想理论基础，认真学习马克思主义，坚持不懈地用科学发展观武装头脑，掌握科学的世界观和方法论，深刻认识人类社会的发展规律和社会主义建设规律，深刻认识中国走社会主义道路的历史必然性，牢固树立正确的世界观、人生观和价值观，把个人的成长成才与国家的富强繁荣紧密联系起来，为实现远大理想而不懈奋斗。

其次，青少年要牢固树立中国特色社会主义的共同理想。

实现共产主义是一个非常漫长的历史过程，需要从社会主义初级阶段一步一步地加以推进。我国现在正处于并将长期处于社会主义初级阶段，坚定共产主义理想就要立足于社会主义初级阶段的实际，从现在做起，从我们当前的工作做起，扎扎实实地推进中国特色社会主义伟大事业，把我国建设成为富强民主文明和谐的社会主义现代化国家，为实现共产主义远大理想奠定坚实的基础。中国特色社会主义符合中国国情，符合包括青少年朋友在内的全国各族人民的利益和愿望，是当代中国发展、富强的必由之路。有了中国特色社会主义的共同理想，我们就有了立身之本，就能自觉按照党和人民的要求成长成才。有了中国特色社会主义的共同理想，我们就有了克服困难、勇往直前的精神武器，就能坚持高举中国特色社会主义伟大旗帜不动摇，坚持中国特色社会主义道路不动摇，坚持中国特色社会主义理论体系不动摇，自觉把个人的理想同国家、民族的奋斗目标统一起来，把自己的人生追求同社会的需要和人民的事业结合起来，时刻准备为祖国的繁荣富强奉献青春和抛洒热血。

再次，青少年要牢固树立振兴中华的雄心壮志。

实现中华民族的伟大复兴，是全体中华儿女的共同信念。青少年时期是人生成长的关键时期，也是培养信念、明确志向的关键阶段。有志者，事竟成。立有大志，人生才能辉煌。周恩来在中学时期立志“为中华崛起而读书”，李四光、钱学森等科学家在青年时期就立志用自己的聪明才智报效祖国等大量事例说明，凡是在事业上取得伟大成就的人，都在青少年时期立下了鸿鹄之志，确立了崇高信念，并为之不懈奋斗。青少年朋友们，不论今后我们是当工人、农民、解放军，还是做科学家、企业家、艺术家，都应把个人的奋斗志向同国家的前途命运紧紧联系在一起，把个人今天的成长进步同祖国明天的繁荣昌盛紧紧联系在一起，牢固树立起振兴中华的雄心壮志，立志为民族争光、为祖国争光。只有这样，我们才能保持正确的人生航向，获得强大而持久的前进动力，让人生在为实现中华民族伟大复兴的事业中闪闪发光。

二、努力成为品德高尚、意志顽强的新一代

养成高尚品德和培养顽强意志对个人、国家和民族都至关重要。高尚的品德和顽强的意志是提高人的精神境界、促进人的自我完善、推动人的全面发展的内在动力。一个品德高尚、意志顽强的人，能够正确认识社会道德生活的规律和原则，认识人生的价值和意义，认识自己对家庭、他人、社会的义务和责任，使自己的道德

关键词

品德　品德即道德品质，是人们的道德认识和道德行为水平的综合反映。

意志　意志即人的思维过程见之于行动的心理过程，是人自觉地确定目的，并支配行动、克服困难、实现目的的心理过程。

实践建立在明辨善恶的基础上，从而正确选择自己的道德行为，积极塑造自身的道德人格。青少年是祖国未来的建设者。我们养成高尚的品德、培养顽强的意志，不仅对于增强自己的成才动力、提高自己的全面素质具有不可或缺的重要作用，而且对我们国家和民族的长远发展至关重要。胡锦涛指出："青少年的思想道德素质，不仅直接关系现阶段中华民族的素质，而且直接关系未来中华民族的素质。"

科学发展观提出，要用社会主义荣辱观引领道德风尚。社会主义荣辱观，旗帜鲜明地提出了在我们的社会，什么是真善美，什么是假恶丑，应当坚持和提倡什么，反对和抵制什么，为每个青少年判断行为得失、作出道德选择提供了价值标准，体现了中华民族传统美德、优秀革命道德与时代精神的完美结合，是新形势下加强社会主义思想道德建设的重要指导方针，也为青少年成为品德高尚、意志顽强的新一代指明了方向。我们要成为品德高尚、意志顽强的新一代，最重要的就是要按照科学发展观的要求，践行社会主义荣辱观。

相关链接

八荣八耻

以热爱祖国为荣、以危害祖国为耻，以服务人民为荣、以背离人民为耻，以崇尚科学为荣、以愚昧无知为耻，以辛勤劳动为荣、以好逸恶劳为耻，以团结互助为荣、以损人利己为耻，以诚实守信为荣、以见利忘义为耻，以遵纪守法为荣、以违法乱纪为耻，以艰苦奋斗为荣、以骄奢淫逸为耻。

——以热爱祖国为荣、以危害祖国为耻。祖国的利益高于一切。爱国是青少年应当遵循的最起码的道德规范。青少年要时刻心系国家前途和命运，倍加珍惜安定团结的良好局面，自觉维护社会稳定，把爱国热情转化为报效祖国的实际行动。增强民族自尊心、自信心和自豪感，既不妄自菲薄，也不妄自尊大。关键时刻敢于同危害祖国的行径作斗争，坚决维护国家利益，捍卫民族尊严。

——以服务人民为荣、以背离人民为耻。这是对社会主义道德核心内容的高度概括。在我们的社会主义社会里，每一个公民都应当自觉履行社会责任，立足本职岗位，为人民、为社会多作贡献。同学间、师生间互相关心、互相爱护、互相帮助也是为人民服务的具体内容和表现形式。

——以崇尚科学为荣、以愚昧无知为耻。科学技术是第一生产力，科学精神是青少年应具备的基本素养。青少年要爱科学、学科学、讲科学、用科学，自觉反对愚昧、反对迷信、反对伪科学，养成科学、文明、健康的生活方式。

——以辛勤劳动为荣、以好逸恶劳为耻。劳动是幸福的源泉，热爱劳动是一种美德。青少年应当反对好逸恶劳、不劳而获的思想，树立正确的劳动态度，用自己的辛勤劳动创造幸福生活，实现人生理想。

——以团结互助为荣、以损人利己为耻。团结就是力量，互助增进和谐。青少年应当弘扬集体主义精神，反对以自我为中心、以私利为中心，树立我为人人、人人为我的观念，在日常生活中做到团结友善、互帮互助、和睦相处，在危难关头做到一方有难、八方支援，和衷共济。

——以诚实守信为荣、以见利忘义为耻。诚实是根，信誉是本。人无信不立。不讲诚信，一个人就难以在社会上立身，也无法成就事业。青少年无论是在社会上还是在家庭里，都不能弄虚作假、背信弃义，应当以诚相待、重信守诺、有约必践，共同营造守信光荣、失信可耻的社会氛围。

——以遵纪守法为荣、以违法乱纪为耻。遵纪守法是公民维护和发展自身权益的前提条件，是社会稳定、经济发展的保障。青少年应当学法、知法、守法、用法，增强法律意识，正确行使法律赋予的权利，自觉履行法律规定的义务，依法维护国家利益、集体利益和自身权益；应当富有正义感，敢于同违法乱纪、危害社会的现象作斗争。

——以艰苦奋斗为荣、以骄奢淫逸为耻。这是我们党的优良作风和中华民族传统美德的具体体现。青少年不能贪图享受、铺张浪费，要始终保持一种艰苦朴素、克勤克俭的精神，一种坚韧不拔、顽强拼搏的精神，一种奋发进取、勇往直前的精神，努力做中华民族传统美德的传承者，做体现时代进步要求和道德规范的实践者，做良好社会风尚的推动者。

三、努力成为视野开阔、知识丰富的新一代

当今世界，经济全球化深入发展，科技革命加速推进，知识更新速度加快，信息交流日益广泛。形势逼人自强、催人奋进。时代为我们的成长和发展提供了新的舞台，也对我们拓展视野和丰富知识提出了新的要求。我们要想在这个时代为祖国建功立业，就必须跟上社会前进的步伐，适应时代发展的变化，不断开阔视野，努力增长知识，积极参加实践，全面提高自身的素质与能力。

科学发展观顺应了世界发展趋势，借鉴了国外发展经验，体现了实践发展的需要，适应了时代进步的要求，为青少年认识世界和中国、了解时代和实践提供了科学的方法。当今世界发生了广泛而深刻的变化，当代中国的前途命运日益紧密地同世界的前途命运联系在一起。清醒认识我们的历史责任和历史使命，更加自觉地努力学习，更加顽强地加强实践，拓展眼界、增长才干，努力成长为视野开阔、知识丰富 的新一代。

关键词

视野开阔　视野开阔是指眼界宽广，心胸及思想开朗。

知识丰富　知识丰富是指获取的学识和实践经验种类多或者数量大。

首先，开阔视野，就要把目光投向世界和投向未来。

当今世界发展很快，变化很大，国与国之间交往频繁。青少年要成长为祖国的有用之才、肩负起振兴中华的历史责任，就必须努力了解世界发展变化的大势，把目光投向世界、投向未来。古人云："不登高山，不知天之高也；不临深溪，不知地之厚也。"生长在21世纪的青少年更应懂得，只有学会以开阔的视野观察迅速发展的世界，观察日新月异的中国；用宽广的胸襟向历史学习，向人民学习，向实际学习，才能更好地把握现在和未来。海纳百川，所以成其大。青少年朋友要按照胡锦涛总书记的要求："努力拓展世界眼光，广泛学习各种新知识新技能，使自己的知识结构适应时代发展的要求。"用人类创造的一切文明成果努力充实自己，养成可与世界上任何一个民族的青少年相媲美的素质，掌握过硬本领， 我们就能以中华民族自尊自强的豪迈气概，昂首阔步地走向世界。

其次，丰富知识，就要用人类社会创造的一切文明成果充实自己。

英国哲学家培根说："知识就是力量。"当今世界的激烈竞争，说到底是国民素质的竞争，长远看是青少年素质的竞争。贯彻落实科学发展观，最重要的，是提高全民族特别是广大青少年的素质尤其是科学素质。要以培养青少年的创新精神和实践能力为重点，造就数以亿计的高素质劳动者、数以千万计的专门人才和一大批拔尖创新人才。知识是提高青少年素质的阶梯。“知识引导人生，学习成就未来。” 有专家考证，18 世纪以前，知识更新速度为 80—90 年翻一番； 19 世纪 60 年代，知识更新速度为 50 年左右翻一番；20 世纪 90 年代以来，知识更新加速到 3—5 年翻一番。近 50 年来，人类社会所创造的知识，比过去 3000 年的总和还要多。在农耕时代，一个人读几年书，就可以管用一辈子；在工业经济时代，读十几年的书，才能够管用一辈子；到了知识经济时代，只有不断地抓紧学习、终身不懈地学习，才能够管用一辈子。青少年时期是学习的黄金时期，在科技进步日新月异、知识信息竞相涌流的形势下，青少年的学习任务比以往任何时候都更加繁重而紧迫。无论将来我们是想成为经得起竞争考验的专门人才，还是要成为同现代化要求相适应的高素质劳动者，都需要坚持不懈地刻苦学习，一步一个脚印地积累知识，否则，就会落伍，就会被时代所淘汰。“业精于勤而荒于嬉”，我们要把学习作为生活习惯，作为人生态度，以滴水穿石、磨杵成针的毅力，永不满足、攀登不止地追求，只争朝夕地学，如饥似渴地学，持之以恒地学。知识是丰富多样的，学习也应该是全面广泛的。我们既要努力学好理论知识、文化知识、科学知识、社会知识、历史知识和各项专业技能，也要特别注意学习经济社会发展前沿的各种新知识、新技能，拓展知识视野，不断提高自身的思想道德素质和科学文化素质，练就与祖国共奋进的过硬本领。

再次，做视野开阔、知识丰富的新一代，就要到实践中求真知、长才干。

1942年，毛泽东对从苏联回国的毛岸英说，书本知识只是知识的一半。学知识既要学书本知识，也要到“劳动大学”学习实践的知识。“知识丰富”，既需要广学博览，更需要在实践中求真知、长才干。社会实践，是知识常新和发展的源泉，是检验真理的试金石，也是青少年锻炼成长的有效途径。学习的目的是为了运用，知识与实践相结合是重要的学习方法。只有到改革开放和现代化建设的伟大实践中去经风雨，见世面，把学到的书本知识与社会需要结合起来，把学习知识和思考问题结合起来，我们才能更好更快地成长成熟。青少年朋友们，人不是生而知之的，知识、才干和经验只能在刻苦学习和努力实践中获得。为了使自己更好更快成长成才，担负起建设祖国的大任，我们不仅要刻苦学习各门功课，牢固打好知识基础，还要向社会实践学习、向人民群众学习，尽可能地多学一些课外知识，不断扩大知识面。同时还要积极参加各种有益的实践活动，培养动脑动手能力，逐步学会把知识应用到实践中去，在实践中丰富知识、增长才干。

四、努力成为开拓进取、艰苦创业的新一代

人类社会的一切文明成果，都是开拓进取、艰苦创业的结晶。开拓进取、艰苦创业精神是物质文明、政治文明、精神文明、社会文明建设的强大动力。中华民族历来以开拓进取、艰苦创业著称于世。“天行健，君子以自强不息”、“艰难困苦，玉汝于成”、“生于忧患，死于安乐”等警世名言就是这些精神的写照。历史和现实都表明：一个没有开拓进取、艰苦创业精神作支撑的人，是难以有所作为的；一个没有开拓进取、艰苦创业精神作支撑的民族，是难以自立自强的；一个没有开拓进取、艰苦创业精神作支撑的国家，是难以发展进步的；一个没有开拓进取、艰苦创业精神作支撑的政党，是难以兴旺发达的。

青少年风华正茂，最少保守思想，最少陈腐观念，更应当做开拓进取、勇于创新的先锋。青少年时期是精力充沛、思维比较敏捷、最具创新潜力的时期。在近年一些重要的科技创新比赛中，许多青少年朋友显示出了卓越的创新才能，充分证明当代青少年一代是勇于创

关键词

开拓进取 开拓进取是指发扬创新精神，立志有所作为。

艰苦创业 艰苦创业是指克服艰难困苦，创办事业。

新、敢于创新、善于创新的群体。我们要带头树立创新意识，保持创新锐气，发扬创新精神，努力走在全社会创新的前列，努力为理论创新、制度创新、科技创新、文化创新以及其他各方面的创新作出应有的贡献。

人类社会正在经历深刻变革，世界范围内经济实力和综合国力竞争空前激烈。这场全球范围的大竞争，任何国家、任何民族都必须面对，不能回避。历史一再表明，抓住机遇加快发展，落后的国家和民族就可能实现发展的新跨越，走在时代前列；丧失发展机遇，原本强盛的国家和民族就可能成为时代的落伍者。创新是一个民族进步的灵魂，是一个国家兴旺发达的不竭动力。当今时代，科学技术特别是战略高技术正日益成为经济社会发展的决定性力量，成为综合国力竞争的焦点。国家核心竞争力越来越表现为对智力资源和智慧成果的培育、配置、调控能力，表现为对知识产权的拥有、运用能力。谁在知识和科技创新方面占据优势，谁就能在综合国力竞争中占据更有利的战略地位。面对日趋激烈的国际竞争，面对世界科技发展的大势，广大青少年必须把努力学习掌握科学技术，不断掌握科技创新能力作为自己的光荣责任和神圣使命，以积极进取的人生追求，以奋发有为的精神状态，为促进国家的科技进步，为使我国在激烈的国际竞争中赢得和保持发展的主动权而努力奋斗。

首先，青少年要成为开拓进取、艰苦创业的新一代，就要着力培养创新精神。

发展的希望在创新，创新的希望在青少年。青少年朋友培养创新精神，就要：

——积极培养进取心。进取心是创新的前提。古往今来一切有识之士都有强烈的进取心。一切有所作为的青少年，都应该从小培养进取心。

——积极培养自信心。创新是在前人未曾涉足的荒地上行进，会有各种艰难险阻，而最忠实、最可靠的“伙伴”就是自信心。著名科学家居里夫人曾说：“应该有恒心，尤其要有自信心！”

——积极培养好奇心。好奇心是从事创新活动的人所具备的基本素质之一。爱迪生自幼就爱“打破砂锅问到底”，从鸡为什么把蛋放在屁股底下、蛋也怕着凉等问题一直追问到“把蛋放在屁股底下暖和暖和就能孵出鸡娃娃”，至此还不满足，就亲自做了个窝，一本正经地蹲在上面孵小鸡。这种强烈的好奇心，使爱迪生最终成为伟大的发明家。

——积极培养想象力。想象力是创新的基础。爱因斯坦认为：“想象力比知识更重要，因为知识是有限的，想象力概括着世界上的一切，推动着进步，并且是知识进化的源泉。”

——积极培养洞察力。创新需要洞察力，因为创新过程实际上是个“推陈出新”的过程，有了洞察力，就能“看透”事物的本质和规律，有所发明，有所创造。英国细菌学家弗莱明正是凭着平时养成的深邃洞察力，从培养皿中局部的葡萄球菌死亡这一普遍现象中看清它的实质，进而发明了青霉素这种最有效的抗菌药剂。

——积极培养动手能力。动手能力是一个优秀的发明者所应具备的基本技能之一。古今中外许多发明家都有很强的动手能力。美籍华人物理学家李政道曾对中国学生说过：动手能力是创造发明者所必备的基本素质。

其次，青少年要成为开拓进取、艰苦创业的新一代，就要着力培养艰苦奋斗的精神。

艰苦奋斗精神是个人成长成才、国家长治久安、民族繁荣昌盛、政党永不变质的动力源泉和重要保证。只有坚持不懈地艰苦奋斗，青少年朋友才能健康成长，我们的民族才能繁荣昌盛，我们的国家才能兴旺发达，我们的党才能永葆政治本色。

发扬艰苦奋斗精神，要坚持正确的政治方向，树立正确的世界观、人生观和价值观。西方敌对势力对我们进行“西化”和“分化”的政治图谋始终没有改变，在策略上、手法上又有新的发展。他们利用各种现代化的大众传媒，千方百计地进行渗透，传播西方的生活方式和价值观念，与我们争夺阵地，争夺青少年。他们的手段之一就是要打掉中国人民的吃苦耐劳精神，让青少年一代追求吃、喝、玩、乐，使拜金主义、享乐主义、极端个人主义思想在青少年头脑中膨胀。我们一定要头脑清醒，坚决反对拜金主义、享乐主义、极端个人主义。

发扬艰苦奋斗精神，要从身边的事情做起。发扬艰苦奋斗的精神，并不是要我们吃糠咽菜，穿补丁衣服，而是要我们在学习上勤奋，刻苦钻研，努力攀登科学高峰；在生活上简朴，勤俭节约，自己的事情自己做，摆脱对父母的依赖；还要刻苦锻炼身体，增强体质，培养顽强毅力，促进身心全面发展。

实现中国的现代化，振兴中华，是一百多年来中国人民的共同心愿和不懈追求。一代又一代中华儿女前赴后继、英勇奋斗，在艰难困苦中奋起，在艰辛探索中前行，谱写了自强不息、顽强奋进的壮丽史诗。孙中山领导辛亥革命，推翻了统治中国几千年的君主专制制度，为中国的进步打开了大门；毛泽东等中国共产党第一代领导人领导新民主主义革命和社会主义革命，建立了中华人民共和国和社会主义制度，探索建设社会主义的规律并积累了重要经验，为当代中国一切发展进步奠定了根本政治前提和制度基础；邓小平、江泽民、胡锦涛等中国共产党领导人领导和推进改革开放这场新的伟大革命，形成了中国特色社会主义道路和中国特色社会主义理论体系，为实现中华民族伟大复兴开辟了光明前景。

长江后浪推前浪，青少年是未来建设祖国的生力军。到建党 100 周年时，我国将建成经济更加发展，各项制度更加完善的高水平小康社会，那时正是我们大有作为的时候。到本世纪中叶新中国成立 100 周年时，我国将基本实现现代化，建成富强民主文明和谐的社会主义国家，到那时我们正处于人生的收获季节，多姿多彩的幸福生活将充分展现在我们面前。我们是幸运的一代，也是肩负重任的一代。振兴中华的历史接力棒要靠我们去传递，全面建设小康社会、加快推进社会主义现代化的历史任务要靠我们去承担，中华民族伟大复兴要靠我们去奋斗。21 世纪，是中华民族实现伟大复兴的世纪，也是我们茁壮成长、大展宏图、实现人生价值的世纪。

我们的前景光明而美好，我们的责任重大而光荣。未来属于我们，未来取决于我们，未来更需要我们去创造。我们要按照“四个新一代”的要求，努力成长为德智体美全面发展的社会主义建设者和接班人。

思考题

1. 青少年成才为什么要坚定理想信念？
2. 青少年怎样养成良好品德？
3. 青少年应该如何培养创新精神？
4. 青少年应该怎样认识自己的历史使命？